Autor

Tobias Schultheiß

100 Immobilien-
kennzahlen

2. Auflage 2010 (unveränderter Nachdruck 2018)
© cometis publishing GmbH & Co. KG, Unter den Eichen 7, 65195 Wiesbaden.
Alle Rechte vorbehalten.
Cover: cometis publishing GmbH & Co. KG, Fotolia 418581

Anmerkung:
Die Erläuterungen und Interpretationen der einzelnen Kennzahlen geben zum Teil die persönliche Einschätzung des Autors wieder. Trotz sorgfältiger Recherche und Prüfung der Inhalte kann eine Garantie oder Haftung für die Richtigkeit oder Vollständigkeit nicht übernommen werden.

ISBN 978-3-940828-72-9

Vorwort des Autors

Liebe Leser,

im Zuge der anhaltenden Internationalisierung und einer damit einhergehenden Professionalisierung des Immobilienmarktes gewinnt die Verwendung und Interpretation von Immobilienkennzahlen mehr und mehr an Bedeutung. Investoren, Projektentwickler, Nutzer sowie Kreditgeber, Makler und Berater prüfen die Entwicklungsperspektiven einer Immobilie und des relevanten Marktes anhand zentraler Kennzahlen, wie z. B. Bruttoanfangsrendite, IRR oder Cashflow, um möglichst schnell eine Investitionsentscheidung treffen zu können. Doch was verbirgt sich hinter diesen Kennzahlen? Was ist deren Aussagekraft? Und warum eignen sich diese für die Immobilienanalyse?

Das Buch »100 Immobilienkennzahlen« fasst die wesentlichen in der täglichen Praxis verwendeten Kennzahlen übersichtlich zusammen. Es richtet sich dabei an Vorstände und Geschäftsführer, Controller und Immobilienexperten, aber auch Banker, Wirtschaftsprüfer, Steuerberater, Wirtschaftsjournalisten und Studenten. Die Inhalte des vorliegenden Handbuchs unterstützen Sie, Ihr Knowhow über Immobilienkennzahlen zu stärken und sich z. B. optimal auf den Dialog mit kreditgebenden Banken oder eine Verhandlung zwischen Investor und Nutzer vorzubereiten.

Neben der Definition jeder Kennzahl wird deren Berechnung anhand eines Rechenbeispiels dargestellt sowie die entsprechenden Einsatzgebiete erläutert. Anhand der Gegenüberstellung der wesentlicher Vor- und Nachteile wird jede Kennzahl einer kritischen Würdigung unterzogen.

Wichtig im Umgang mit Kennzahlen ist, diese nie isoliert, sondern immer im Zeitverlauf und in Abhängigkeit der aktuellen Marktsituation zu betrachten. Schließlich ist die übergreifende Analyse mehrerer Indikatoren der Schlüssel dazu, Kennzahlen in ein aussagekräftiges Ergebnis zu transferieren. Hierzu liefert Ihnen das vorliegende Nachschlagewerk eine wertvolle Unterstützung.

Viel Spaß bei der Lektüre!

Tobias Schultheiß

PS: Mailen Sie Ihre Kommentare und konstruktive Kritik:
immobilienkennzahlen@cometis.de

Hinweis zur Benutzung des Handbuchs

Die beschriebenen Kennzahlen haben folgende Struktur:

- Formel
- Rechenbeispiel anhand eines beispielhaften Immobilienengagements
- Erläuterung
- Vor- und Nachteile

Alle im Handbuch erläuterten Kennzahlen wurden sorgfältig recherchiert. Dabei wird für jede einzelne Kennzahl die Formel verwendet, die in Praxis und Literatur regelmäßig Anwendung findet. Gleichzeitig existieren für die Berechnung einzelner Kennzahlen unterschiedliche Ansätze (je nach Komplexität), über die sich jeder Leser des Handbuchs im Dialog mit Investoren, Asset Managern, Kreditgebern oder Nutzern von Immobilien bewusst sein sollte.

Das jeweilige Rechenbeispiel ergibt sich aus dem in Kapitel 1 beispielhaft aufgeführten Immobilienengagement einer teilweise vermieteten Büroimmobilie im Rhein-Main-Gebiet sowie dem daran anschließenden beispielhaften Jahresabschluss einer Immobilien Aktiengesellschaft. Die in Kapitel 1 aufgeführten Eckdaten stellen im Übrigen die wesentlichen Inhalte eines aussagekräftigen Exposés dar.

Der jeweilige Erläuterungstext gibt Aufschluss über die Herleitung einzelner Kennzahlen sowie deren Aussagekraft als Indikator oder aber in Verbindung mit weiteren Kennzahlen als Grundlage für eine schlüssige Interpretation der Immobiliensituation. Die Vor- und Nachteile geben dem Leser die Möglichkeit, sich unabhängig vom Ergebnis des Rechenbeispiels kritisch mit jeder Kennzahl auseinandersetzen zu können sowie Sinn und Zweck der Ergebnisse zu hinterfragen.

Zu beachten ist, dass aufgrund der großen Fülle der zugänglichen Informationen weder Art und Umfang noch Inhalte der einzelnen Kennzahlen Anspruch auf Vollständigkeit erheben bzw. besitzen.

Inhaltsverzeichnis

Inhaltsverzeichnis

Inhaltsverzeichnis

Inhaltsverzeichnis

Abkürzungsverzeichnis

Abs.	Absatz
Abt.	Abteilung
abzgl.	abzüglich
AG	Auftraggeber
AN	Auftragnehmer
ARY	All Risks Yield
BauGB	Baugesetzbuch
BGB	Bürgerliches Gesetzbuch
BGF	Bruttogrundfläche
BMZ	Baumassenzahl
bzw.	beziehungsweise
ca.	circa
DCF	Discounted-Cashflow-Methode
DIN	Deutsches Institut für Normung
DIX	Deutscher Immobilien Index
DSCR	Debt Service Coverage Ratio
d. h.	das heißt
EBIT	Earnings before Interest and Taxes
EBITDA	Earnings before Interest, Taxes, Depreciation and Amortization
EBT	Earnings before Taxes
EK	Eigenkapital
ERV	Estimated Rental Value
exkl.	exklusive
FFO	Funds from Operations
FK	Fremdkapital
GFZ	Geschossflächenzahl
ggf.	gegebenenfalls
gif	Gesellschaft für immobilienwirtschaftliche Forschung e.V.
GuV	Gewinn- und Verlustrechnung
GRZ	Grundflächenzahl
G-REIT	German Real Estate Investment Trust
HGB	Handelsgesetzbuch

Abkürzungsverzeichnis

ICR	Interest Coverage Ratio
IFRS	International Financial Reporting Standards
inkl.	inklusive
IPD	Investment Property Datenbank GmbH
IRR	Internal Rate of Return
i.d.R.	in der Regel
i.e.S.	im engeren Sinn
kwh/a	Kilowattstunden pro Jahr
lfr.	langfristig
LTC	Loan to cost
LTV	Loan to value
mind.	mindestens
Mio.	Million
MwSt.	Mehrwertsteuer
NAV	Net Asset Value
NGF	Nettogrundfläche
NHK	Normalherstellungskosten
NOI	Net Operating Income
NPV	Net Present Value
PKW	Personenkraftwagen
PV	Present Value
p.a.	per annum
m²	Quadratmeter
REIT	Real Estate Investment Trust
rd.	rund
ROE	Return on Equity
ROI	Return on Investment
ROIC	Return on Invested Capital
Sog.	sogenannt
TG	Tiefgarage
TÜV	Technischer Überwachungsverein

Abkürzungsverzeichnis

usw.	und so weiter
u. Ä.	und Ähnliches
vgl.	vergleiche
v. a.	vor allem
WACC	Weighted Average Cost of Capital
WertV	Wertermittlungsverordnung
z. B.	zum Beispiel
zzgl.	zuzüglich

Kapitel 1

Beispielhaftes Immobilienengagement
und beispielhafter Jahresabschluss

1. Beispielhaftes Immobilienengagement und beispielhafter Jahresabschluss

Informationen zum lokalen Büroimmobilienmarkt:

Flächenbestand, ca.	1.000.000 m²
Leerstand t_1	44.000 m²
Leerstand t_2	50.000 m²
Jährliche Vermietungsumsätze	
t_2	ca. 30.000 m²
t_1	ca. 35.000 m²
t_0	ca. 25.000 m²
Durchschnittlicher Flächenumsatz der vergangenen 10 Jahre	ca. 20.200 m²
Spitzenmiete City	12,00 € je m²
Durchschnittsmiete City	9,50 € je m²
Spitzenmiete Cityrand	11,00 € je m²
Durchschnittsmiete Cityrand	7,00 € je m²
Nettoanfangsrendite Büro, zentrale Lage	6,5 %
Nettoanfangsrendite Büro, dezentrale Lage	8 % – 9 %
Liegenschaftszinssatz	5,5 %

Objekteckdaten:

Lage	etablierter Bürostandort in einer Stadt mit rd. 150.000 Einwohnern
Eigentümer	Objektgesellschaft (GmbH & Co. KG) eines lokalen Entwicklers
Baujahr	t-11
Grundstücksgröße	7.558 m²
Nutzung	Büropark
Nettogrundfläche	13.439 m²
Bruttogrundfläche	15.811 m²
Nutzfläche Büro	13.347 m², davon: 12.217 m² (davon leerstehend: 3.523,85 m²)
Lager	1.130 m²
Parken	178 PKW-Stellplätze
Jahresnettomiete (Ist)	1.188.535,05 € zzgl. Nebenkosten und MwSt.
Jahresnettomiete (Soll)	1.666.991,25 € zzgl. Nebenkosten und MwSt.
Vermietungsstand	71,3 % (bezogen auf die Mieteinnahmen)

1. Beispielhaftes Immobilienengagement und beispielhafter Jahresabschluss

Informationen für Bewertung bzw. Investition:

Restnutzungsdauer	46 Jahre
Vermarktungskosten:	
Mieterausbauten	120,00 € je m² Büro bzw. 422.862 € in Summe
Maklerprovision	3 Nettomonatsmieten bzw. 119.614,05 €
3 Hauptmieter stehen für rd. 69% der Jahresnettomiete:	
Jahresnettomiete Mieter A	335.008,30 €
Restlaufzeit Mietvertrag A	112 Monate bzw. 9,33 Jahre
Bürofläche Mieter A	3.335,47 m² für 130 Mitarbeiter
Jahresnettomiete Mieter B	341.938,31 €
Restlaufzeit Mietvertrag B	71 Monate bzw. 5,92 Jahre
Bürofläche Mieter B	1.847,44 m² für 62 Mitarbeiter
Jahresnettomiete Mieter C	138.626,06 €
Restlaufzeit Mietvertrag C	28 Monate bzw. 2,33 Jahre
Bürofläche Mieter C	933,70 m² für 37 Mitarbeiter
Monatliche Mieteinnahmen aus vermieteten Büroflächen	88.575,91 €
Vermietete Bürofläche	8.693,62 m²
Nebenkosten, absolut	302.630,42 €
Nebenkosten je m² Nutzfläche	1,89 € je m², netto (OSCAR: 2,89 € je m², netto)
Nicht umlagefähige Kosten, absolut	62.524,41 €
Nicht umlagefähige Kosten je m² Nutzfläche	0,39 €
Instandhaltungskosten	104.212,54 €
Kaufpreis	17.350.000 €
Erwerbsnebenkosten	6%
Investition	18.391.000 €
Verkehrswert	19.000.000 €
Fremdkapital	15.633.000 € / FK-Zins: 4,5%; keine Tilgung für die ersten zwei Jahre
Eigenkapital	2.758.650 € / Eigenkapitalkosten: 9%
Geschätzter Erlös bei Verkauf	22.993.000 € (Basis: Mittelwert aus der Nettoanfangsrendite Büro, zentrale bzw. dezentrale Lagen (7,25%))
Reingewinn	422.525,64 €

1. Beispielhaftes Immobilienengagement und beispielhafter Jahresabschluss

Bautechnische Informationen zum Gebäude:

Achsraster	1,25 m
	(Gebäudebreite: 43,75 m / Achsen: 35)
Gebäudetiefe (aus Plan)	13 m
Flurbreite	1,25 m
Wände	0,75 m
Geschosshöhe (aus Plan; Fußbodenunterkante bis Fußbodenunterkante)	3,7 m
Lichte Deckenhöhe, ca.	2,75 m

Weiterführende Informationen:

Gesamtentwicklungskosten, ca.	15 Mio. €
davon:	
Bau- und Baunebenkosten	bzw. 12 Mio. € bzw. 760 € je m² BGF
Grundstücksanteil, ca.	1,5 Mio. €
Darlehensvertrag	vom 01. Juni t_1
Laufzeit	10 Jahre
Ende Zinsfestschreibung	31. Mai t_{11}

Für das Rechenbeispiel zum IRR (vgl. Seite 76) wird unterstellt, dass das Wertsteigerungspotenzial innerhalb von 4 Jahren nach Erwerb realisiert wird und die Immobilie in t5 zur dann 15-fachen Jahresmiete verkauft wird. Des Weiteren wird unterstellt:

Der IRR wird auf das eingesetzte Eigenkapital ermittelt:	
Erwerbsnebenkosten	6 %
Bewirtschaftungskosten	6 %
Eigenkapital	25 % der Investitionssumme
Fremdkapital	75 %
FK-Zins	5,75 %
Tilgung	0 %
Zinssatz einer 10-jährigen Staatsanleihe	4 %

Energieverbrauchswerte:

Heizung	t_1: 1.399.809 kWh/a
	t_2: 1.545.485 kWh/a
	t_3: 1.612.921 kWh/a
Strom	t_1: 531.897 kWh/a
	t_2: 604.755 kWh/a
	t_3: 573.328 kWh/a

19

1. Beispielhaftes Immobilienengagement und beispielhafter Jahresabschluss

Konzernbilanz zum 31.12. für das Geschäftsjahr t_3

in Mio. €

AKTIVA	t_3	t_2
Langfristiges Vermögen		
Immaterielle Vermögenswerte	172,47	173,00
Investment Properties	3.574,53	1.852,27
Sachanlagen	274,93	292,00
Finanzanlagen	159,27	105,07
Anteile an at equity bewerteten assoziierten Unternehmen	47,80	31,20
Derivative Finanzinstrumente	27,47	7,20
Latente Steueransprüche	49,27	32,40
Forderungen und sonstige Vermögenswerte	48,73	99,40
Summe langfristiges Vermögen	**4.354,47**	**2.592,53**
Kurzfristiges Vermögen		
Vorräte	644,00	216,87
Forderungen und sonstige Vermögenswerte	146,80	140,13
Forderungen aus Ertragsteuern	11,60	9,13
Derivative Finanzinstrumente	2,00	0,20
Wertpapiere	7,60	13,13
Zahlungsmittel und Zahlungsmitteläquivalente	70,47	366,00
	882,47	**745,47**
Zur Veräußerung gehaltene langfristige Vermögenswerte	257,07	31,13
Summe kurzfristiges Vermögen	**1.139,53**	**776,60**
Bilanzsumme	**5.494,00**	**3.369,13**

1. Beispielhaftes Immobilienengagement und beispielhafter Jahresabschluss

in Mio. €

PASSIVA	t_3	t_2
Gezeichnetes Kapital	77,33	77,33
Kapitalrücklage	374,07	305,93
Eigene Anteile	-0,20	-0,40
Sonstige Rücklagen	3,87	-1,80
Gewinnrücklagen	687,27	551,27
Konzernaktionären zustehendes Eigenkapital	**1.142,33**	**932,33**
Hybridkapital	267,27	130,60
Minderheitenanteile	1,80	6,13
Summe Eigenkapital	**1.411,40**	**1.069,07**
Fremdkapital		
Langfristiges Fremdkapital		
Finanzschulden	2.331,13	1.190,93
Derivative Finanzinstrumente	0,00	3,73
Latente Steuerverbindlichkeiten	279,60	246,73
Pensionsrückstellungen	6,40	8,27
Sonstige Rückstellungen	32,53	91,13
Verbindlichkeiten	38,67	29,40
Summe langfristiges Fremdkapital	**2.688,33**	**1.570,20**
Kurzfristiges Fremdkapital		
Finanzschulden	861,67	483,87
Derivative Finanzinstrumente	1,20	1,73
Sonstige Rückstellungen	88,00	24,00
Verbindlichkeiten	174,07	202,07
Verbindlichkeiten aus Ertragsteuern	28,93	17,33
	1.153,87	729,00
Verbindlichkeiten im Zusammenhang mit zur Veräußerung gehaltenen langfristigen Vermögenswerten	240,40	0,87
Summe kurzfristiges Fremdkapital	**1.394,27**	**729,87**
Bilanzsumme	**5.494,00**	**3.369,13**

1. Beispielhaftes Immobilienengagement und beispielhafter Jahresabschluss

Konzern-Gewinn- und Verlustrechnung für das Geschäftsjahr t_3

in Mio. €

	t_3	t_2
Umsatzerlöse	354,93	297,47
Bestandsveränderungen und andere aktivierte Eigenleistungen	179,80	-6,20
Unrealisierte Marktwertänderungen von Investment Properties	114,67	18,13
Realisierte Marktwertänderungen von Investment Properties	91,87	69,73
Sonstige betriebliche Erträge	63,40	50,40
Gesamtleistung	**791,67**	**442,53**
Materialaufwand	-252,07	-48,53
Personalaufwand	-60,47	-106,67
Abschreibungen auf immaterielle Vermögenswerte und Sachanlagen	-3,80	-5,07
Aufwendungen aus Investment Properties	-42,60	-38,60
Sonstige betriebliche Aufwendungen	-120,73	-86,20
Ergebnis aus at equity bewerteten assoziierten Unternehmen	4,47	-8,73
Beteiligungsergebnis	0,60	-0,13
Finanzerträge	95,07	53,67
Finanzaufwendungen	-172,27	-89,60
Ergebnis vor Ertragsteuern	**239,87**	**112,67**
Ertragsteuern	-39,20	-35,93
Konzernergebnis	**200,67**	**76,73**
Anteil Konzernaktionäre am Ergebnis	180,73	68,60
Anteil Hybridkapitalgeber am Ergebnis	20,13	6,93
Anteil Konzernfremder am Ergebnis	-0,20	1,20
Unverwässertes Ergebnis je Aktie in €	1,56	0,59
Verwässertes Ergebnis je Aktie in €	1,54	0,59

Weitere relevante Informationen:	
EBIT, angepasst	341.730.000 €
Investiertes Kapital	4.019.866.667 €
Ausschüttung je Aktie	0,47 €
Aktueller Aktienkurs	15,70 €
Anzahl Aktien	77.333.334 Stück

Kapitel 2

Projektentwicklung

2.1   Gesamtinvestitionskosten (je m²)

Formel

Bestandsimmobilie: $\dfrac{\text{Summe aus Kaufpreis + Transaktionskosten}}{\text{Nettogrundfläche}}$

Rechenbeispiel

$$\frac{17.350.000\ € + 1.041.000\ €}{13.439\ m^2} = 1.368,48\ € \text{ je m}^2 \text{ Nettogrundfläche}$$

Erläuterung

Bei Immobilieninvestitionen enthalten die Gesamtinvestitionskosten alle aktivierungsfähigen Aufwendungen zur Anschaffung bzw. Herstellung des Objektes. Hierzu zählen insbesondere die Anschaffungskosten des Grundstücks sowie die Herstellungskosten für das Gebäude. Die Gesamtinvestitionskosten beinhalten auch sämtliche Nebenkosten. Bei einem bestehenden Objekt entsprechen die Gesamtinvestitionskosten somit dem Bruttokaufpreis, d. h. die Summe aus Kaufpreis und Transaktionskosten. Mit der Grundfläche ins Verhältnis gesetzt ermöglicht die somit ermittelte Kennzahl einen sachwertorientierten Vergleich mit Immobilien in ähnlichen Lagen.

Im Rahmen einer Projektentwicklung ermitteln sich die Gesamtinvestitionskosten je m² vereinfacht formuliert wie folgt: Summe aus Grundstückserwerb + Baukosten, Baunebenkosten, Planungskosten, Beratungskosten, Gutachten, Erschließungskosten, Zwischenfinanzierungskosten und Vermarktungskosten geteilt durch die Bruttogrundfläche. Transaktionskosten liegen in der Regel zwischen 5 % und 10 % des Kaufpreises und setzen sich zusammen aus Grunderwerbsteuer, Notar- und Grundbuchgebühren, Maklerprovision, Anwaltsgebühren, Due-Diligence-Kosten sowie ggf. einmaligem Erbbauzins.

Vorteile	Nachteile
• Etablierte Kennzahl mit hoher Praxisrelevanz • Ermöglicht den Vergleich mit anderen Objekten • Lässt Rückschlüsse auf Preisentwicklung im Zeitablauf zu	• Trifft keine Aussage über Qualität und Zustand des Gebäudes • Manipulierbarkeit aufgrund unterschiedlicher Flächendefinition • Wirtschaftlichkeit des Gebäudes lässt sich nur mit weiteren Kennzahlen ermitteln

2.2　Baukosten

Formel

Summe aus Kostengruppen 300, 400, 500 und 700 der DIN 276

Rechenbeispiel
Das beispielhafte Immobilienengagement ist ein Bestandsgebäude aus dem Jahr t-11. Aus diesem Grund wird auf eine Ermittlung der historischen Baukosten verzichtet. Basierend auf Vergleichswerten kann angenommen werden, dass die heutigen Baukosten bei etwa 1.200,– € je m² BGF inkl. Baunebenkosten liegen dürften.

Erläuterung
Baukosten stellen einen wesentlichen Bestandteil der Gesamtinvestitionskosten (vgl. Seite 25) dar und sind in der DIN 276 (Kostenermittlung im Hochbau) geregelt. Die reinen Baukosten stehen dort unter der Kostengruppe 300 (Bauwerk – Baukonstruktionen) sowie 400 (Bauwerk – Technische Anlagen) und 500 (Außenanlagen) bzw. 700 (Baunebenkosten).

Zu den Baunebenkosten gehören z.B. Planungskosten für Architekt, Statiker, Ingenieure und Sachverständige; Gebühren für Baugenehmigungen (behördliche Gebühren); anfallende Nebenkosten (z.B. Telefongebühren, Kopiergebühren); Versicherungsgebühren (Bauversicherungen) sowie anfallende Finanzierungskosten wie Zinsen, Disagio. Die Baunebenkosten sind somit die Kosten, die neben den »eigentlichen« Baukosten und Kosten für das Grundstück, für Planung und Ausführung des Bauvorhabens auftreten. In der Regel können für die Errichtung eines Bauwerks etwa 15 % der ermittelten Baukosten als Baunebenkosten angesetzt werden. Einen Anhaltspunkt für die Höhe der Bau- und Baunebenkosten enthalten z.B. die NHK 2000 und andere empirische Auswertungen.

Vorteile	Nachteile
• Ermöglicht den Vergleich mit anderen Objekten an anderen Standorten, da die Kosten des Grundstückserwerbs nicht berücksichtigt werden • Lässt Rückschlüsse auf Preisentwicklung im Zeitablauf zu	• Trifft keine Aussage über Qualität und Zustand des Gebäudes • Wirtschaftlichkeit des Gebäudes lässt sich nur mit weiteren Kennzahlen ermitteln • Alleinstehend wenig aussagefähig

2.3   Energieverbrauchskennwert

Formel

> Summe der Jahresenergieverbräuche der letzten drei Kalenderjahre
>
> ──
>
> 3 x NGF

Rechenbeispiel

$$\frac{1.399.809 + 1.545.485 + 1.612.921}{3 \times 13.439 \ m^2} + \frac{531.897 + 604.755 + 573.328}{3 \times 13.439 \ m^2} = 113,06 + 42,41 = 155,47 \ kWh/a/m^2$$

Erläuterung

Durch den Energieverbrauchskennwert wird ein Gebäude energetisch bewertet und stellt den Mittelwert der Energieverbräuche der letzten drei Kalender- oder Abrechnungsjahre dar. Er wird aus den Energieverbräuchen für Heizung, Warmwasserbereitung, Kühlung, Lüftung und eingebaute Beleuchtung ermittelt. Der Energieverbrauchskennwert gibt den gemessenen Energieverbrauch in Kilowattstunden pro m² Fläche und Jahr wieder und bezieht sich immer auf das gesamt Gebäude. Daher sind längere Leerstände in einer Immobilie rechnerisch angemessen zu berücksichtigen.

Vorteile	Nachteile
• Erlaubt mit wenigen Kenngrößen eine schnelle energetische Bewertung des Objektes • Fördert den ressourcenschonenden Umgang mit Energieträgern • Es gibt Vergleichswerte im Bundesanzeiger, die vom Bundesministerium für Verkehr, Bau und Stadtentwicklung bekannt gemacht werden	• Vergleichbarkeit von Gebäuden ist durch die unterschiedliche Zusammensetzung des Gesamtenergieverbrauchs (Heizung, Warmwasser, Kühlung und Strom) erschwert • Kennzahl macht keine Aussage über Schwachstellen an Gebäudeteilen und/oder Gebäudeanlagen • Manipulierbarkeit des Energieverbrauchs über das Nutzerverhalten durch sparsamen Verbrauch

2.4 Achsraster

Formel

$$\frac{\text{Gebäudebreite bzw. -tiefe in m}}{\text{Anzahl der Achsen an der Gebäudebreite bzw. -tiefe}}$$

Rechenbeispiel

$$\frac{43{,}75 \text{ m}}{35} = 1{,}25 \text{ m}$$

Erläuterung

Das Achsraster stellt aus unterschiedlichen Gründen eine wichtige Kennziffer für die Wirtschaftlichkeit von Büro- und Verwaltungsgebäuden dar: So lassen sich bei den üblichen Achsrastern zwischen 1,25 m und 1,45 m optimale Spannweiten von um die 8,00 m erreichen. Eine solche Rasterbreite lässt bereits ein kleines bzw. mit zwei Rasterbreiten ein bequemes Schreibzimmer zu, während drei Rasterbreiten ein Doppelzimmer zulassen. Im Untergeschoss ist bei einer Spannweite von ca. 7,5 m und unter Berücksichtigung des Stützenquerschnitts immer noch Platz für drei PKW (Mindestbreite eines PKW-Stellplatz: 2,30 m). Aufgrund identischer Bauteile lässt sich auch die Fassade kostengünstig herstellen. Bei Mieterwechsel lassen sich Gipskartonständerwände kostengünstig umbauen, da sie an jeder Achse an das Fassadenprofil anschließen können. Kostengünstig deshalb, da die meisten Ausbaumaterialien auf ein Achsraster in der genannten Größenordnung ausgerichtet sind (z. B. Gipskartonständerwände, Doppelböden, Hohlraumböden, Deckenplatten).

Vorteile	Nachteile
• Einfache Berechnung möglich • In Kombination mit einer Raumtiefe um die 5,5 m ermöglicht ein Achsraster zwischen 1,25 m und 1,35 m die wirtschaftliche Anpassung des jeweiligen Geschosses an zukünftige Nutzeranforderungen	• Aussagekraft nur in Verbindung mit weiteren Kennzahlen (z. B. Raumtiefe, Raumhöhe) möglich • Kann alleinstehend keine Aussage über die Wirtschaftlichkeit einer Immobilie treffen • Das »optimale« Achsraster gibt es aufgrund unterschiedlicher Vorstellungen der am Bau Beteiligten nicht • Das Achsraster von Gebäudebreite bzw. -tiefe muss nicht unbedingt miteinander übereinstimmen

2.5 Konstruktionsraster

Formel

$$\frac{\text{Gebäudebreite bzw. -tiefe in m}}{\text{Anzahl der Achsen an der Gebäudebreite bzw. -tiefe}}$$

Rechenbeispiel

$$\frac{37,50 \text{ m}}{5} = 7,50 \text{ m}$$

Erläuterung

Das Konstruktionsraster ist das Raster für die wesentlichen tragenden Bauteile und gibt die Möglichkeit, statische und konstruktive Elemente wie Säulen, Pilaster, Wände und Träger schnell und unkompliziert zu platzieren und zu planen. Das Konstruktionsraster hängt unmittelbar mit dem Achsraster zusammen, so ist das Maß des Konstruktionsrasters im Regelfall ein Vielfaches des Achsrasters.

Beim Konstruktionsraster unterscheiden sich meist nicht nur das Rastermaß von Gebäudebreite und Gebäudetiefe, sondern auch die in einer Achsrichtung aneinandergereihten Raster können verschiedene Maße haben. In modernen Bürogebäuden ist das Konstruktionsraster ein Kompromiss aus dem Wunsch, eine sehr flexibel nutzbare Fläche ohne Stützen zu erreichen und den statischen Erfordernissen die Gebäudelasten ohne teure Sonderlösungen in die Fundamente zu leiten.

Vorteile	Nachteile
• Einfache Berechnung möglich • Vereinfacht die Planung	• Aussagekraft nur in Verbindung mit weiteren Kennzahlen (z. B. andere Rastermaße, Anzahl der Raster, Raumhöhe) möglich • Kann alleinstehend keine Aussage über die Wirtschaftlichkeit einer Immobilie geben • Das »optimale« Konstruktionsraster gibt es aufgrund unterschiedlicher Vorstellungen der am Bau Beteiligten nicht

2.6 Raumtiefe

Formel

Bestandsimmobilie: $\dfrac{\text{Gebäudetiefe} - \text{Flurbreite} - \text{Wände}}{2}$

Rechenbeispiel

$$\frac{13\,\text{m} - 1{,}25\,\text{m} - 0{,}75\,\text{m}}{2} = 5{,}5\,\text{m}$$

Erläuterung

Analog zum Achsraster stellt die Raumtiefe ebenfalls eine wichtige Kennziffer für die wirtschaftliche Ausnutzung von Büro- und Verwaltungsgebäuden dar. Je nach Nutzungskonzept und in Abhängigkeit von Raumhöhe und des Achsrasters liegt die optimale Raumtiefe zwischen 4,5 m und 6 m. Je tiefer der Raum, umso niedriger die Versorgung mit natürlichem Licht und entsprechend höher der Bedarf an künstlicher Beleuchtung. Dieses Thema ist in den Arbeitsstätten-Richtlinien geregelt und muss bei der Erstellung von Büroimmobilien berücksichtigt werden.

Für ein einhüftiges Gebäude ermittelt sich die Raumtiefe wie folgt:
Gebäudetiefe – Flurbreite – Wände

Vorteile	Nachteile
• Wichtiges Entscheidungskriterium für Nutzer von Büroflächen • Einfache Berechnung möglich • In Kombination mit einem Achsraster zwischen 1,25 m und 1,35 m ermöglicht eine Raumtiefe um 5,5 m die wirtschaftliche Anpassung des jeweiligen Geschosses an zukünftige Nutzeranforderungen	• Aussagekraft nur in Verbindung mit weiteren Kennzahlen (z. B. Achsraster, Raumhöhe) gegeben • Kann alleinstehend keine Aussage über die Wirtschaftlichkeit einer Immobilie treffen • Die »optimale« Raumtiefe gibt es aufgrund unterschiedlicher Vorstellungen der am Bau Beteiligten nicht

2.7   Deckenhöhe

Formel

Geschosshöhe – Deckenstärke – Bodenaufbau – abgehängte Decke

Rechenbeispiel

3,7 m – 0,2 m – 0,4 m – 0,25 m = 2,85 m

Erläuterung

Deckenhöhe bzw. lichte Höhe stellt den freien vertikalen Abstand zwischen Fußbodenbelag und Decke dar. Der Abstand zwischen zwei Fußbodenoberkanten anliegender Geschosse wird (Brutto-)Geschosshöhe genannt. Aufwändige Technik wie z. B. Klimatisierung, Verkabelung, Brandschutz kann durch das damit notwendig werdende Erfordernis einer abgehängten Decke oder eines Doppel- bzw. Hohlraumbodens einen negativen Einfluss auf die lichte Höhe haben. Je nach Nutzergruppe können die Anforderungen an die Decken- bzw. Raumhöhe stark variieren. Zum Beispiel bevorzugen Anwaltskanzleien Einzelraumlösungen, bei denen eine lichte Höhe um die 2,85 m akzeptabel sein kann. Großraumbüros z. B. für Wertpapierhändler müssen dagegen eine lichte Höhe von mindestens 3 m vorweisen, damit diese den Arbeitsstättenrichtlinien entsprechen.

Vorteile	Nachteile
• Wichtiges Entscheidungskriterium für Nutzer von Büroflächen • Einfache Berechnung möglich • Schnelle Einschätzung möglich, ob das betreffende Geschoss z. B. für eine Großraumnutzung geeignet ist (mind. 3 m)	• Aussagekraft nur in Verbindung mit weiteren Kennzahlen (z. B. Achsraster, Raumtiefe) gegeben • Kann alleinstehend keine Aussage über die Wirtschaftlichkeit einer Immobilie treffen • Die »optimale« Decken- bzw. Raumhöhe gibt es aufgrund unterschiedlicher Vorstellungen der am Bau Beteiligten nicht

2.8 Stellplatzverhältnis

Formel

$$\frac{\text{Summe Büromietfläche}}{\text{Summe aller ober- und unterirdischen Stellplätze}}$$

Rechenbeispiel

$$\frac{12.217 \text{ m}^2}{178} = 68,63 \text{ m}^2 \text{ je Stellplatz}$$

Erläuterung

Mit dieser Kennziffer wird ermittelt, auf wie viel Quadratmeter Fläche ein Stellplatz entfällt. Je höher diese ist, desto schlechter ist das Stellplatzverhältnis. Verwendung findet diese Kennziffer beim Vergleich mit anderen Gebäuden, um die Attraktivität der Immobilie für Nutzer zu ermitteln. In Abhängigkeit der Lage des jeweiligen Objektes stellt eine Kennziffer von 80 in peripherer Lage einen guten Wert dar. Für erstklassige Immobilien in 1a Innenstadtlagen kann dieser Wert bis zu 150 und darüber hinaus anwachsen. Mit einem Stellplatz für jeweils rd. 69 m² stellt das Rechenbeispiel einen sehr guten Wert dar.

Vorteile	Nachteile
• Einfach verständlich und einfach zu ermitteln • In der Praxis etablierte Kennzahl • Nutzer mit einem hohen Stellplatzaufwand erkennen mit dem Stellplatzverhältnis sehr schnell, ob das betreffende Gebäude für ihre Anforderungen geeignet ist • Wichtiges Entscheidungskriterium für Nutzer von Büroflächen • Kennzahl aussagekräftig, um Vermietbarkeit einer Nutzungseinheit zu ermitteln	• Kann alleinstehend keine Aussage über die Wirtschaftlichkeit einer Immobilie treffen • Statische Größe • Hat Einfluss auf die Vermietbarkeit einer Nutzungseinheit

2.9   Mietflächenfaktor

Formel

$$\frac{\text{Summe Nettogrundfläche (NGF)}}{\text{Summe Bruttogrundfläche (BGF)}} \times 100\ \%$$

Rechenbeispiel

$$\frac{13.439\ m^2}{15.811\ m^2} \times 100\ \% = 85\ \%$$

Erläuterung

Diese Kennziffer stellt die Nettogrundfläche der Bruttogrundfläche (vgl. S. 164) gegenüber und gibt somit einen Hinweis auf die Wirtschaftlichkeit der Bauweise einer Immobilie. Je niedriger der Prozentsatz ausfällt, umso höher ist der Anteil nicht vermietbarer Fläche. Da dies einen unmittelbaren Einfluss auf die erzielbare Jahresnettomiete und somit den Verkaufspreis hat, sollte jeder Entwickler bzw. Investor darauf achten, einen möglichst hohen Koeffizienten zu erreichen. Bei Büroimmobilien liegt dieser Koeffizient i. d. R. zwischen 80 % und 85 %. Für Nutzer bzw. Mieter einer Immobilie ist diese Kennzahl ein wichtiges Entscheidungskriterium bei der Auswahl neuer Flächen.

Vorteile	Nachteile
• Einfach verständlich • Einfache Berechnung möglich • Hohe Praxisrelevanz • Ermöglicht den Effizienzvergleich mit anderen Immobilien	• Statische Größe, die nur unwesentlich durch baulichen Eingriff beeinflusst werden kann • Alleinstehend wenig aussagekräftig • Je niedriger der Faktor, umso unrentabler ist das Gebäude aus Investorensicht, da ein Neubau auf demselben Grundstück mit einem höheren Mietflächenfaktor mehr Mietfläche zulässt und somit eine höhere Wirtschaftlichkeit verspricht

2.10 Break-even-Miete

Formel

$$\frac{\text{Gesamtentwicklungskosten, ohne Gewinn x Bruttoanfangsrendite}}{12 \text{ Monate x Nettogeschossfläche}}$$

Rechenbeispiel

$$\frac{15.000.000 \text{ € x } 6,85\,\%}{12 \text{ Monate x } 13.439 \text{ m}^2} = \frac{1.027.500 \text{ €}}{161.268} = 6,37 \text{ €/je m}^2 \text{ NGF}$$

Erläuterung

Die Break-even-Analyse untersucht, wann die Kosten einer Projektentwicklung durch die Erlöse gedeckt werden. Der Punkt, bei dem die Kosten den Erlösen entsprechen, wird als Gewinnschwelle bezeichnet. Bei Überschreitung des Break-even-Punktes wird ein Gewinn erwirtschaftet, bei Unterschreitung ein Verlust. Ausgedrückt wird dieser Punkt typischerweise in Mengeneinheiten, aber auch in Geldeinheiten oder Auslastung der Kapazität in Prozent. Für die Ermittlung der Break-even-Miete werden folgende Informationen benötigt:

- Gesamtentwicklungskosten bestehend aus Bau- und Baunebenkosten inkl. Kosten der Zwischenfinanzierung sowie Vermarktungskosten (allerdings ohne Gewinn)
- Aufstellung über sämtliche Mietflächen sowie Stellplätze
- Belastbare Informationen über einen voraussichtlich erzielbaren Verkaufsbruttomultiplikator (vgl. Seite 68) bzw. die entsprechende Rendite

Vorteile	Nachteile
• Die Break-even-Analyse ermöglicht einen Überblick über die betriebliche Kosten- und Erfolgssituation und somit die wirtschaftliche Tragfähigkeit einer Projektentwicklung • Auswirkungen von Preis- bzw. Kostenveränderungen sind schnell und einfach ermittelbar • Etablierte Kennzahl mit hoher Praxisrelevanz	• Subjektive Ermittlung der Bruttorendite lässt Spielraum für Manipulation • Steigerung der Baukosten kurz vor bzw. während der Bauphase können die Break-even-Miete über die am Markt erzielbare Miete steigen lassen • Aussagekraft nur sinnvoll mit weiteren Kennzahlen, z. B. erzielbare Marktmiete

2.11 Break-even-Rendite

Formel

$$\frac{\text{Jahresmiete zum Zeitpunkt der Veräußerung}}{\text{Gesamtkosten (Summe aus Anfangsinvestition und Vermarktungskosten)}}$$

Rechenbeispiel

$$\frac{1.666.991,25\ €}{18.391.000\ € + 422.862\ € + 119.614,05\ €} = 8,8\%$$

Erläuterung

Mit der Break-even-Rendite wird untersucht, zu welcher Rendite verkauft werden muss, um bei Kenntnis der Jahresmiete zum Verkaufszeitpunkt sowie der Gesamtkosten ohne Gewinn bzw. Verlust zu veräußern. Dieser Punkt wird als Gewinnschwelle bezeichnet. Sobald diese so ermittelte Rendite unterschritten wird, erreicht das Projekt die Gewinnzone.

Für die Ermittlung der Break-even-Rendite werden folgende Informationen benötigt:

- Gesamtkosten bestehend aus Bau- und Baunebenkosten bzw. Gesamtinvestitionskosten (vgl. Seite 25) inkl. Kosten der Zwischenfinanzierung sowie Vermarktungskosten (allerdings ohne Gewinn)
- Belastbare Informationen über die zum Verkaufszeitpunkt voraussichtlich erzielbare Jahresmiete. Für das Rechenbeispiel wird die Jahresnettomiete SOLL verwendet.

Vorteile	Nachteile
• Die Break-even-Rendite ermöglicht einen Überblick über die Kosten- und Erfolgssituation und somit die wirtschaftliche Tragfähigkeit einer Projektentwicklung • Auswirkungen von Preis- bzw. Kostenveränderungen sind schnell und einfach ermittelbar • Etablierte Kennzahl mit hoher Praxisrelevanz	• Subjektive Ermittlung der Jahresmiete zum Zeitpunkt der Veräußerung lässt Spielraum für Manipulation • Negative Änderungen der erzielbaren Miete während der Projektphase können die Break-even-Rendite über die am Markt erzielbare Rendite steigen lassen

2.12 Trading Profit

Formel

$$\left(\left(\frac{\begin{array}{c}\text{Verkaufserlös}\\ -\text{ Summe aller Nettoentwicklungskosten}\\ \text{inkl. Grundstücksankauf}\end{array}}{\text{Investition}}\right) - 1\right) \times 100$$

Rechenbeispiel

$$\left(\left(\frac{22.993.000\ € - 542.476,05\ €}{18.391.000\ €}\right) - 1\right) \times 100 = 22,07\,\%$$

Erläuterung

Der Trading Profit einer Projektentwicklungsmaßnahme stellt das Delta aus Verkaufserlös und der Summe aller tatsächlich angefallenen Kosten dar. Somit ist diese Kennzahl ein wesentliches Kriterium für bzw. gegen die Sinnhaftigkeit einer Investition. Bei einer Entwicklungsmaßnahme in ein Bürogebäude wird in der Regel von einem Trading Profit von 15 % ausgegangen. Allgemeinhin wird dies als grundsätzlich akzeptable Verzinsung des Risikos bzw. des Unternehmergewinns angesehen.

Anwendung findet der Trading Profit auch bei der Wirtschaftlichkeitsbetrachtung sog. »Value added«-Objekte, d. h. Immobilien, welche durch aktives Asset Management eine Wertsteigerung erfahren sollen. Ermittelt wird die Kennzahl hierbei als Differenz aus Verkaufserlös zur Ursprungsinvestition sowie der Kosten für werterhöhende Maßnahmen (z. B. Vermarktungskosten, mieterspezifische Ausbauten) zur Steigerung der Mieteinnahmen. Beide Ansätze berücksichtigen zudem Finanzierungskosten.

Vorteile	Nachteile
• In der Praxis stark etabliert • Indikator für die Wirtschaftlichkeit eines Projektes • Professionelles Rechenmodell ermöglicht dem Investor eine rasche Entscheidungsfindung	• Je komplexer, schwieriger das Modell, umso einfacher manipulierbar • Qualität des Ergebnisses ist abhängig von der Professionalität der Zusammenstellung erforderlicher Daten • Keine Aussage über Entwicklungen im Zeitablauf

Kapitel 3

Vermietung

3.1   Flächenangebot

Formel

> Summe aus Leerstand, Flächen im Bau und Pipeline in m²

Rechenbeispiel

Diese Kennzahl wird empirisch von Marktteilnehmern vor Ort ermittelt. Aus diesem Grund wird hier auf ein Rechenbeispiel verzichtet.

Erläuterung

Das Angebot umfasst gemäß gif-Definition die Summe aller angebotenen Büroflächen, für die eine Vermarktung zum Beobachtungszeitpunkt (i.d.R. quartalsweise) vorgesehen ist und die noch verfügbar sind. Im Flächenangebot sind somit die Flächenkategorien Leerstand (inkl. Untervermietungsflächen), Flächen im Bau (ohne Vorvermietung) und Pipeline zusammengefasst. Insofern gibt diese Kennzahl das kurz-, mittel- und langfristige Angebot an Bürofläche am jeweiligen Immobilienmarkt wieder. Flächenangebot im engeren Sinn wird definiert durch Leerstand, Untervermietungsflächen und spekulative Fertigstellungen in den kommenden zwölf Monaten.

Vorteile	Nachteile
• Etablierte und äußerst praxisrelevante Kennzahl • Wichtige Kennzahl zur Ermittlung der Sinnhaftigkeit einer Investition in eine Immobilie am betrachteten Immobilienmarkt • Ermöglicht in Kombination mit der Flächennachfrage eine Einschätzung in das Risiko eines Immobilien(teil-)marktes	• Je unbedeutender der jeweilige Immobilienmarkt, umso schwieriger wird die Ermittlung dieser Kennzahl • Kennzahl trifft keine Aussage über die Qualität der angebotenen Flächen • Unterschiedliche Marktteilnehmer kommen auf unterschiedliche Ergebnisse

3.2   Leerstandsrate

Formel

$$\frac{\text{Leerstandsvolumen}}{\text{Gesamtbestand}} \times 100\,\%$$

Rechenbeispiel

$$\frac{44.000\ \text{m}^2}{1\ \text{Mio. m}^2} \times 100\,\% = 4,4\,\%$$

Erläuterung

Gemäß gif-Definition spiegelt diese Kennzahl das kurzfristig verfügbare Büroflächenangebot wieder und wird ermittelt aus der Summe aller fertiggestellten Büroflächen, die zum Erhebungszeitpunkt ungenutzt sind, zur Vermietung, zur Untervermietung oder zum Verkauf (zum Zwecke der Weiternutzung) angeboten werden und innerhalb von drei Monaten beziehbar sind. Das so ermittelte Leerstandsvolumen wird dann mit dem Gesamtbestand an Büroflächen des betrachteten Marktes ins Verhältnis gesetzt. Mit der Höhe der aktuellen Leerstandsrate können Rückschlüsse auf die Attraktivität des jeweiligen Marktes gezogen werden. Zusammen mit dem Vergleich historischer Leerstandsraten ist sie ein wichtiger Indikator für die wirtschaftliche Sinnhaftigkeit einer (spekulativen) Projektentwicklung. Ein Leerstand von 4 % bis 5 % des Gesamtbestandes wird als gesund betrachtet, da somit noch ausreichend Flächen für kurzfristige Nutzerumschichtungen vorhanden sind.

Vorteile	Nachteile
• Lässt Rückschlüsse auf die Attraktivität eines Marktes zu • Wichtiger Indikator für die Sinnhaftigkeit einer spekulativen Projektentwicklung • Sehr praxisrelevant	• Aufgrund unterschiedlicher Definitionen gelangen unterschiedliche Marktteilnehmer zu unterschiedlichen Ergebnissen • Kennzahl trifft keine Aussage über die Qualität der angebotenen Flächen • Je kleiner und somit intransparenter der betrachtete Immobilienmarkt, umso schwieriger wird es, belastbare Informationen hierzu zu erhalten

3.3　Flächen im Bau

Formel

Summe aller aktuell im Bau befindlicher, noch nicht vermieteter Flächen

Rechenbeispiel

Diese Kennzahl wird empirisch von Marktteilnehmern vor Ort ermittelt. Aus diesem Grund wird hier auf ein Rechenbeispiel verzichtet.

Erläuterung

Diese Kennzahl bezieht sich gemäß gif-Definition auf das mittelfristig verfügbare Büroflächenangebot und stellt demnach Flächen dar, die aktuell im Bau befindlich und noch nicht vermietet bzw. an Eigennutzer verkauft sind. Zusammen mit der Leerstandsrate und der Nachfrage kann mit dieser Zahl eine Aussage getroffen werden, wie sich die Marktsituation entwickeln wird. Bei einer niedrigen Leerstandsrate, einer hohen Nachfrage sowie wenig Flächen im Bau kann von einer kurz- bis mittelfristigen Flächenknappheit ausgegangen werden, da die zur Verfügung stehenden Flächen noch vermietet werden und gleichzeitig keine zusätzlichen Flächen auf den Markt kommen. Nutzern bleibt dann nur die Alternative, steigende Mieten für das verbliebene Angebot zu akzeptieren oder auf andere Standorte auszuweichen.

Vorteile	Nachteile
• Zusammen mit weiteren Kennzahlen (z. B. Leerstandsrate, Nachfrage) ist ein Rückschluss auf die Marktentwicklung möglich • In der Praxis etablierte, relevante Kennzahl • Ein Anwachsen dieser Kennzahl führt aus Nutzersicht zu einer höheren Auswahl und kann bei konstanter Nachfrage zu sinkenden Mietpreisen führen	• Mangelnde Aussagekraft zur Qualität der im Bau befindlichen Flächen • Aufgrund unterschiedlicher Definitionen gelangen Marktteilnehmer zu unterschiedlichen Ergebnissen • Je kleiner und somit intransparenter der betrachtete Immobilienmarkt, umso schwieriger wird es, belastbare Informationen hierzu zu erhalten • Kann im Zeitablauf stark variieren

3.4 Pipeline

Formel

> Summe aller Projekte, für die bereits heute ein Nutzungsvertrag unterzeichnet werden kann, ohne dass bereits mit dem Bau begonnen wurde

Rechenbeispiel

Diese Kennzahl wird empirisch von Marktteilnehmern vor Ort ermittelt. Aus diesem Grund wird hier auf ein Rechenbeispiel verzichtet.

Erläuterung

Mit Pipeline wird gemäß gif-Definition das langfristig verfügbare Angebot an Büroflächen in Projekten bezeichnet, für die bereits ein Nutzungsvertrag abgeschlossen werden kann, ohne dass schon mit dem Bau begonnen wurde. Hierbei ist zu unterscheiden zwischen fertiggestellten Flächen (Flächen, die innerhalb eines bestimmten Zeitraumes auf den Markt gekommen sind, d. h. bis auf den Mieterausbau fertiggestellt wurden) und projektierten Flächen (alle Neubauten und Sanierungsmaßnahmen an bestehenden Objekten). Mit Beginn der Sanierung werden diese Gebäude aus dem Bestand herausgerechnet. Nach Fertigstellung werden sie dem Bestand als fertiggestellte Flächen wieder zugeschlagen. Diese Flächen werden wiederum unterteilt in »Spekulativ«: Flächen werden für den Vermietungsmarkt errichtet und sind zum Zeitpunkt der Erhebung noch verfügbar. »Nur zur Vorvermietung«: Flächen, mit deren Bau erst dann begonnen wird, sobald eine entsprechende Vorvermietungsquote in diesem Objekt erreicht ist. »Vorvermietet«: Flächen, die zum Stichtag bereits vorvermietet sind und nicht mehr zur Verfügung stehen. »Eigennutzer«: Flächen, die für den Eigenbedarf errichtet werden und somit dem Vermietungsmarkt nicht zur Verfügung stehen.

Vorteile	Nachteile
• Je höher die Pipeline, umso stärker die gefühlte Attraktivität eines Standortes • Guter Indikator für potenzielles Flächenangebot auf lange Sicht • Zusammen mit weiteren Kennzahlen (Leerstandsrate, Nachfrage) ist ein Rückschluss auf die Marktentwicklung möglich	• Geringe Aussagefähigkeit über aktuelles Marktgeschehen • Niedrige Praxisrelevanz • Mangelnde Aussagekraft zur Qualität der in der Pipeline befindlichen Flächen

3.5 Vertragsmiete

Formel

$$\begin{array}{c}\text{Vertraglich vereinbarte} \\ \text{Miete je m}^2\end{array} \times \begin{array}{c}\text{Summe aller gemieteter} \\ \text{Quadratmeter}\end{array} \times 12 \text{ Monate}$$

Rechenbeispiel

Vertragsmiete Mieter A:

8,00 € je m² x 3.335,47 m² x 12 = 320.205,12 € p.a.

Erläuterung

Unter Vertragsmiete wird gemäß gif-Definition die vertraglich zwischen Nutzer und Vermieter vereinbarte Miete ohne Nebenkosten und Steuern verstanden. Aufgrund möglicherweise gewährter Incentives wie z.B. mietfreie Zeit, Umzugskostenbeihilfe, Übernahme mieterspezifischer Ausbauten durch den Vermieter wird die Vertragsmiete regelmäßig über der Effektivmiete liegen. Die Nominalmiete bezieht sich i.d.R. auf die Bürofläche. Bei der Ermittlung der monatlichen Gesamtbelastung müssen ggf. noch die Miete für Archivräume und Stellplätze hinzugerechnet werden. Dies erklärt die Differenz zur Jahresnettomiete des Mieters A in Höhe von 335.008,30 €.

Vorteile	Nachteile
• Erlaubt relativ einfache Vergleichbarkeit mit Konkurrenzobjekten • Etablierte und praxisrelevante Kennzahl • Kann im Vergleich mit der Marktmiete Mietsteigerungspotenziale aufzeigen	• Trifft keine Aussage über die Gesamtbelastung des Nutzers, da Incentives nicht berücksichtigt werden • Vertragsmiete muss nicht der tatsächlich gezahlten Miete entsprechen (Stichwort: säumige Zahlungen bzw. Mietstundungen o.Ä.) • Kennzahl wird zur »Schönung« einer Immobilie aus Bewertungsgründen bzw. zur Ermittlung eines höheren Verkaufspreises gerne manipuliert • Kennzahl trifft keine Aussage über Fristigkeit der Verträge oder Mietsteigerungspotenzial

3.6 Effektivmiete

Formel

$$\text{Vertraglich vereinbarte Miete je m}^2 - \cfrac{\cfrac{\text{Summe gewährter Incentives}}{\text{Laufzeit des Mietvertrags in Monaten}}}{\text{Summe aller gemieteter Quadratmeter}}$$

Rechenbeispiel

$$8{,}00\,\text{€} - \cfrac{\cfrac{100.000\,\text{€}}{120\,\text{Monate}}}{3.335{,}47} = 7{,}75\,\text{€ je m}^2/\text{Monat}$$

Erläuterung

Gemäß gif-Definition ist die Effektivmiete eine vom Mieter nach Abzug möglicherweise gewährter Incentives zu zahlende Miete, d. h. vertraglich vereinbarte Nominalmiete abzüglich des Wertes der erhaltenen Mietanreize/m²/Monat. Üblicherweise wird der Wert der Mietanreize in einer Einmalzahlung bzw. durch Gewährung mietfreier Zeit zu Beginn des Mietverhältnisses abgegolten.

Zur Ermittlung der Effektivmiete wird unterstellt, dass die gewährten Mietanreize auf die Mietlaufzeit verteilt gewährt werden. Hat der Mieter A z. B. ein Incentive in Höhe von 100.000 € für einen Mietvertrag mit zehnjähriger Laufzeit erhalten, so reduziert sich kalkulatorisch die monatliche Mietbelastung um rd. 833 € bzw. ungefähr 0,25 € je m² Mietfläche.

Vorteile	Nachteile
• Etablierte und praxisrelevante Kennzahl • Einfach verständlich • Ermöglicht den quantitativen Vergleich mit anderen Objekten • Gemeinsam mit der Kennzahl Mietflächenfaktor (vgl. Seite 33) ermöglicht es eine qualitative Aussage über das Angebot	• Für Dritte schwer ermittelbar • Spielt bei der Bewertung einer Immobilie häufig eine untergeordnete Rolle, da die Vertragsmiete als Referenzwert heranzuziehen ist • Effektivmiete muss nicht der tatsächlich gezahlten Miete entsprechen

3.7 Büroflächenbestand

Formel

> Summe aller fertiggestellten Büroflächen (benutzt oder leerstehend)

Rechenbeispiel

Diese Kennzahl wird empirisch von Marktteilnehmern vor Ort ermittelt. Aus diesem Grund wird hier auf ein Rechenbeispiel verzichtet.

Erläuterung

Die Kennzahl beziffert gemäß gif-Definition den Gesamtbestand aller fertiggestellten Büroflächen (benutzt oder leerstehend). Als Büroflächen gelten diejenigen Flächen, auf denen typische Schreibtischtätigkeiten durchgeführt werden bzw. durchgeführt werden könnten und die auf dem Büroflächenmarkt gehandelt, d. h. als Bürofläche vermietet werden können. Hierzu zählen auch vom privaten oder öffentlichen Sektor eigengenutzte sowie zu Büros umgewidmete Flächen, ferner selbständig vermietbare Büroflächen in gemischt genutzten Anlagen, insbesondere Gewerbeparks.

Sämtliche quantitativen Angaben zu Büroflächen (Vermietungsleistung, verfügbares Angebot, Flächenbestand) sollten einheitlich auf der Flächendefinition gemäß der gif-Richtlinie MF-G »Mietfläche für Gewerberaum« basieren bzw. auf diese Basis umgerechnet werden.

Vorteile	Nachteile
• Einfach verständliche Kennzahl über die Größe des betrachteten Immobilienmarktes • Elementare Basiskennzahl • Sehr praxisrelevant	• Schwer zu ermitteln • Trifft keine Aussage über die Attraktivität lokaler Teilmärkte • Stichtagsbetrachtung berücksichtigt Änderungen des Büroflächenbestandes im Zeitablauf nur bedingt

3.8 Nachfrage

Formel

> Summe aller sich am Markt befindlichen aktiven Flächengesuche
> bezogen auf ein definiertes Marktgebiet

Rechenbeispiel

Diese Kennzahl wird empirisch von Marktteilnehmern vor Ort ermittelt. Aus diesem Grund wird hier auf ein Rechenbeispiel verzichtet.

Erläuterung

Gemäß gif-Definition handelt es sich bei der Nachfrage um die in einem klar definierten und abgegrenzten Markt für Büroimmobilien innerhalb einer definierten Zeiteinheit (zum Beispiel pro Quartal) registrierten aktiven Flächengesuche. Dabei werden sowohl die Anfragen von potenziellen Mietern als auch von Eigennutzern berücksichtigt, denen ein nachhaltiger Anmietungswille unterstellt wird.

Vorteile	Nachteile
• Leicht verständlich • Sehr praxisrelevant, da die Nachfrage ein wichtiger Indikator für die stichtags-, aber auch zeitablaufbezogene Attraktivität eines Immobilienmarktes ist • Guter Indikator für Investitionsentscheidungen	• Subjektive und daher schwer nachvollziehbare bzw. manipulierbare Kennzahl • Schwer ermittelbar • Kennzahl wird nur an wenigen etablierten Standorten ermittelt

3.9   Durchschnittsmiete

Formel

$$\frac{\text{Summe der Mieteinnahmen (Monat) aus vermieteter Bürofläche}}{\text{Summe vermietete Bürofläche}}$$

Rechenbeispiel

Marktbeispiel:
Die durchschnittliche Marktmiete wird empirisch von Marktteilnehmern vor Ort ermittelt. Aus diesem Grund wird hier auf ein Rechenbeispiel verzichtet.

Objektbeispiel:
Durchschnittsmiete Büro des beispielhaften Immobilienengagements:

$$\frac{88.575,91\ \text{€}}{8.693,62\ \text{m}^2} = 10,19\ \text{€ je m}^2$$

Erläuterung

Zur Berechnung der Durchschnittsmiete werden gemäß gif-Definition je Teilmarkt einzelne Mietpreise aller im definierten Zeitraum neu abgeschlossenen Mietverträge mit der jeweils angemieteten Fläche gewichtet und ein Mittelwert errechnet. Somit dienen Durchschnittsmieten als Indikator zur Einschätzung erzielbarer Mieten für vergleichbare Gebäude im betreffenden Teilmarkt. Diese Kennzahl ist eine der wichtigsten zur Beurteilung eines Immobilienengagements: Im Beispiel liegt die Durchschnittsmiete je m² Büro bei 10,19 € und somit rd. 1,80 € unter der Spitzenmiete (vgl. Seite 50) für Citylagen. Dies bedeutet, dass die Flächen im Schnitt unter Marktniveau vermietet sind und somit ein Mietsteigerungspotenzial besteht.

Vorteile	Nachteile
• Etablierte Kennzahl • Ermöglicht die Positionierung des Gebäudes im Markt • Leichte Ermittlung und einfache Verständlichkeit	• Basis der Ermittlung ist die Nominalmiete, wodurch die Durchschnittsmiete immer leicht überhöht sein wird, da Mietanreize nicht berücksichtigt werden • Kennzahl kann keine Aussage über die Qualität der Immobilie treffen • Einsatz der Kennzahl ist ausschließlich teilmarktbezogen sinnvoll

3.10   Vermietungsumsatz

Formel

> Summe aller Büroflächenvermietungen innerhalb eines bestimmten
> Zeit- und definierten Teilraumes

Rechenbeispiel

Diese Kennzahl wird empirisch von Marktteilnehmern vor Ort ermittelt. Aus
diesem Grund wird hier auf ein Rechenbeispiel verzichtet.

Erläuterung

Gemäß gif-Definition Summe aller (Büro-)Flächen, die in einem eindeutig definierten Büroimmobilienmarkt innerhalb einer definierten Zeiteinheit (zum Beispiel in einem Quartal) vermietet, verleast oder an einen Eigennutzer verkauft
werden. In Abhängigkeit des jeweils erfassenden Marktteilnehmers werden
dabei auch Untervermietungen innerhalb von Hauptmietverträgen oder von ei-
gengenutzten Flächen erfasst. Bei der Verlängerung von Mietverträgen wird ein
Flächenumsatz nur dann erfasst, wenn die angemietete Fläche größer als die
bisher genutzte ist. Als Flächenumsatz am bisherigen Standort wird in diesem
Fall nur die Anmietung der zusätzlichen Mietfläche berücksichtigt.

Vorteile	Nachteile
• Etablierte, leicht verständliche Kennzahl mit hoher Praxisrelevanz • Vermietungsumsatz lässt auf Attraktivität eines Standortes bzw. Teilmarktes schließen • Lässt gemeinsam mit weiteren Kennzahlen (z. B. Flächenangebot, Nachfrage) die Einschätzung zukünftiger Entwicklungen zu	• Je unbedeutender der Standort, umso schwieriger wird mangels Transparenz dessen Ermittlung • Kennzahl trifft keine Aussage über die Qualität der umgesetzten Flächen • Unterschiedliche Marktteilnehmer kommen auf unterschiedliche Ergebnisse

3.11 Nettoabsorption

Formel

> (Bestand neu – Leerstand inkl. Untermietflächen neu)
> – (Bestand alt – Leerstand inkl. Untermietflächen alt)

Rechenbeispiel

Diese Kennzahl wird empirisch von Marktteilnehmern vor Ort ermittelt. Aus diesem Grund wird hier auf ein Rechenbeispiel verzichtet.

Erläuterung

Unter Nettoabsorption wird gemäß gif-Definition der Anteil des Flächenumsatzes verstanden, der zu einer echten Reduktion des zum Erhebungszeitpunkt bestehenden Leerstandes führt. Sie setzt sich zusammen aus der Summe neu auf den Markt kommender Flächen abzüglich des Abganges an Büroflächen sowie der Differenz zwischen Leerstand am Ende und zu Beginn der betrachteten Periode. Die Nettoabsorption erläutert somit auch die Veränderung der in Anspruch genommenen Büroflächen während eines bestimmten Zeitraumes in einem definierten Marktgebiet.

Die Nettoabsorption kann sich auf verschiedene Zeiträume beziehen und negative Werte erhalten. In diesem Fall wird weniger Fläche angemietet, als freigemacht wird. In steigenden Marktphasen und einem entsprechenden Überhang der Nachfrage zum Angebot wird eine positive Nettoabsorption unterstellt, was auf den Zuzug neuer Unternehmen bzw. Flächenexpansion zurückzuführen ist. Der Nettoabsorptionsfaktor stellt den Anteil der absorbierten Fläche am jeweiligen Gesamtumsatz dar und erlaubt somit den Vergleich unterschiedlicher Büromärkte miteinander.

Vorteile	Nachteile
• Indikator für die Attraktivität eines Standortes • Ermöglicht den Vergleich unterschiedlicher Büromärkte miteinander • Je höher die Nettoabsorption, umso mehr Fläche wird von Unternehmen angemietet, welche vorher nicht am Standort vertreten waren bzw. expandieren	• Je unbedeutender der Standort, umso schwieriger wird mangels Transparenz dessen Ermittlung • Kennzahl trifft keine Aussage über die Qualität der absorbierten Flächen • Unterschiedliche Marktteilnehmer kommen auf unterschiedliche Ergebnisse

3.12 Spitzenmiete

Formel

> Durchschnitt aus der Summe von mindestens drei ermittelten
> höchsten Mieten eines abgegrenzten Zeit- und Teilraumes

Rechenbeispiel

Diese Kennzahl wird empirisch von Marktteilnehmern vor Ort ermittelt. Aus diesem Grund wird hier auf ein Rechenbeispiel verzichtet.

Erläuterung

Gemäß gif- Definition ist mit der Spitzenmiete die höchste nachhaltig zu erzielende bzw. erzielte Nominalmiete in der jeweiligen Top-Lage eines Standortes in einem erstklassigen Gebäude mit erstklassiger Ausstattung definiert. Sie basiert somit auf in dem Betrachtungszeitraum ermittelten Mietvertragsabschlüssen als auch auf der Einschätzung lokaler Marktteilnehmer (insb. Makler). Realisierte Spitzenmieten umfassen das – bezogen auf das jeweilige Marktgebiet – oberste Preissegment mit einem Marktanteil von ca. 3 % des Flächenumsatzes in den abgelaufenen zwölf Monaten und stellen hieraus die Höchstwerte dar. Bei der Erfassung sollten zumindest drei Vertragsabschlüsse einbezogen werden.

Vorteile	Nachteile
• Etablierte Kennzahl • Spitzenmiete trifft eine qualitative Aussage über Lage und Gebäudeausstattung • Ermöglicht die Positionierung des Standortes im Vergleich mit anderen Städten	• Praxisrelevanz ausschließlich für das oberste Preissegment • Regelmäßig schwer ermittelbar • Manipulierbarkeit aufgrund Intransparenz

3.13 Höchstmiete

Formel

> Höchste realisierte Miete innerhalb eines definierten Zeit- und Teilraums

Rechenbeispiel

Diese Kennzahl wird empirisch von Marktteilnehmern vor Ort ermittelt. Aus diesem Grund wird hier auf ein Rechenbeispiel verzichtet.

Erläuterung

Unter der Höchstmiete wird gemäß gif-Definition ein Einzelwert bezeichnet, der über der Spitzenmiete (vgl. Seite 50) liegt. Da dieser Wert in einem definierten Zeit- und Teilraum regelmäßig nur einmal erzielt wurde, hat er weniger Aussagekraft als die Spitzenmiete. Als Maximalwert gibt diese Kennzahl nur bedingt eine Indikation über die weitere Entwicklung des Mietniveaus. Häufig werden Höchstmieten realisiert, wenn Mieter in einer schwachen Verhandlungsposition sind. Beispielsweise will ein Unternehmen in einem positiven Marktumfeld (sinkender Leerstand) in deren Bestandsgebäude expandieren. Dieses spezielle Mieterinteresse wird der Vermieter zu seinen Gunsten nutzen.

Vorteile	Nachteile
• Etablierte Kennzahl • Höchstmiete trifft eine qualitative Aussage über Lage und Gebäude-ausstattung • Vergleich mit anderen Standorten möglich	• Einzelwert mit geringer Aussagekraft • Geringe Praxisrelevanz • Häufig schwierig ermittelbar

3.14 PropertyIndex

Formel

$$\frac{\text{Flächenangebot der kommenden zwölf Monate} + \text{in den kommenden zwölf Monaten frei- bzw. bezugsfertig werdende Flächen}}{\text{Vermietungsumsatz der vergangenen zwölf Monate}}$$

Rechenbeispiel

$$\frac{50.000 \text{ sqm}}{35.000 \text{ sqm}} = 1,43$$

Erläuterung

Der PropertyIndex wird quartalsweise von Colliers PropertyPartners veröffentlicht und veranschaulicht die Entwicklung der Angebots- und Nachfragesituation. Die Kennzahl bildet eine Relation zwischen dem Angebot der in den kommenden zwölf Monaten bezugsfähigen Mietflächen zum Absatz der in den vergangenen zwölf Monaten vermieteten Büroflächen. Bei einem Indexwert zwischen 1,0 bis 1,5 spricht man von einem ausgeglichenen Wert. Liegt der PropertyIndex über 1,5 handelt es sich um einen Mieter-, bei Werten unter 1,0 um einen Vermietermarkt. Der PropertyIndex im Rechenbeispiel deutet also auf einen ausgeglichenen Markt, mit Tendenz zu einem Mietermarkt. Allerdings kann erst im Vergleich mit vorherigen Quartalen ein Rückschluss auf die zukünftige Entwicklung des Marktes getroffen werden.

Vorteile	Nachteile
• Leicht verständliche Kennzahl • Im historischen Vergleich einsetzbar als Indikator für die Entwicklung des Vermietungsmarktes • Ermöglicht Vergleich mit anderen Standorten	• Geringe Praxisrelevanz, da noch nicht etabliert • Mangels Transparenz schwer ermittelbar • Trifft keine Aussage über die Zusammensetzung von Angebot und Nachfrage

Kapitel 4

Bewirtschaftung

4.1 Flächenkennziffer

Formel

$$\frac{\text{Angemietete Bürofläche in m}^2}{\text{Anzahl der in den entsprechenden Räumen regelmäßig arbeitenden Mitarbeiter}}$$

Rechenbeispiel

Mieter A:

$$\frac{3.335,47 \text{ m}^2}{130 \text{ Mitarbeiter}} = 25,66 \text{ m}^2 \text{ je Mitarbeiter}$$

Mieter B:

$$\frac{1.847,44 \text{ m}^2}{62 \text{ Mitarbeiter}} = 29,80 \text{ m}^2 \text{ je Mitarbeiter}$$

Erläuterung

Mit der Flächenkennziffer wird die Fläche ermittelt, die ein Beschäftigter durchschnittlich in Anspruch nimmt und ist der Quotient aus angemieteter Bürofläche und der Summe aller auf dieser Fläche beschäftigten Personen. In der Planung hat die Flächenkennziffer einen hohen Stellenwert. Sie ist aber keine Konstante, die exakt bestimmbar ist. Zum Beispiel haben steigende Bau- und Lohnkosten einen starken Einfluss auf die Größe dieser Kennzahl. Abhängig von der jeweiligen Büroorganisationsform liegt das übliche Maß der Flächenkennziffer durchschnittlich zwischen 25 m² und 30 m² je Mitarbeiter. Einzelraumbüros nehmen i. d. R. mehr Fläche je Mitarbeiter in Anspruch als Großraumlösungen.

Vorteile	Nachteile
• Etablierte Kennzahl • Praxisrelevanz insb. bei internationalen Nutzern • In Verbindung mit weiteren Kennzahlen (Mietflächenfaktor, Mietpreis) ist es möglich, eine Aussage über die Wirtschaftlichkeit z. B. einer Anmietung zu treffen	• Alleinstehend hat die Flächenkennziffer wenig Aussagekraft • Aussagekraft nur in Verbindung mit weiteren Kennzahlen möglich • Die »optimale« Flächenkennziffer gibt es nicht

4.2 Leerstandsquote

Formel

$$\frac{\text{Leerstandsmietansatz}}{\text{Jahresnettomiete (Soll)}} \times 100\,\%$$

Rechenbeispiel

$$\frac{478.456,20\,€}{1.666.991,25\,€} \times 100\,\% = 28,7\,\%$$

Erläuterung

Mit der Leerstandsquote wird gemäß gif-Definition der Anteil des zu einem bestimmten Zeitpunkt bestehenden Leerstands einer Immobilie bezogen auf die mit Marktmieten ermittelte kalkulatorische Jahresnettomiete bezeichnet. Als Bezugsgröße könnte neben dem Jahressollmietertrag auch die Gesamtnutzfläche verwendet werden. In der Praxis hat sich die Sollmiete allerdings etabliert, da der Ertragswertgedanke und nicht die Sachwertorientierung im Vordergrund steht. Zur Ermittlung der Sollmiete werden die zur Verfügung stehenden Flächen zu Marktkonditionen bewertet und mit der Vertragsmiete addiert.

Soll die Leerstandsquote einer Immobilie anhand der Nutzfläche ermittelt werden, so errechnet sich diese Kennzahl wie folgt:

$$\frac{\text{Nicht vermietete Fläche}}{\text{Gesamtnutzfläche}} \times 100\,\%$$

Vorteile	Nachteile
• Lässt Rückschlüsse auf die Attraktivität einer Immobilie zu • Wichtiger Indikator für die Sinnhaftigkeit einer Investitionsentscheidung • Sehr praxisrelevant und einfach zu ermitteln	• Aufgrund unterschiedlicher Einschätzung der Marktkonditionen gelangen unterschiedliche Marktteilnehmer zu unterschiedlichen Ergebnissen • Manipulierbarkeit durch Verwendung überhöhter Mietansätze • Kennzahl trifft keine Aussage über die Qualität der betroffenen Flächen

4.3 Mietzinsausfallquote

Formel

$$\frac{\text{Jahresnettomiete (Soll)} - \text{Summe aller vertraglich vereinbarten Mieteinnahmen}}{\text{Jahresnettomiete (Soll)}} \times 100\%$$

Rechenbeispiel

$$\frac{1.666.991,25 \text{ €} - 1.188.535,05 \text{ €}}{1.666.991,25 \text{ €}} \times 100\% = 28,7\%$$

Erläuterung

Als Mietzinsausfälle gelten Leerstandsverluste (bewertet zum letztgezahlten Mietzins) auf Mietzinsen sowie Inkassoverluste auf Mietzinsen. Sie werden ermittelt als die Differenz zwischen Soll-Mietertrag und tatsächlichem Mietertrag. Setzt man diese Differenz ins Verhältnis zur Jahresnettomiete (Soll), erhält man die Mietzinsausfallquote.

Die Division der Mietzinsausfälle mit der Jahresnettomiete (Ist) ergibt i.d.R. das Mietsteigerungspotenzial auf Basis der tatsächlichen Verhältnisse. Eine Ermittlung der Mietzins- oder auch Leerstandsquote (vgl. Seite 56) in Bezug auf die leerstehenden Flächen ist eher untypisch.

Vorteile	Nachteile
• Indikator für Vermietungssituation und -erfolg bei fertigen Gebäuden • Zeigt Investoren auf, wie stark das Wertsteigerungspozential ist • Analog Leerstandsquote relativ leicht zu ermitteln	• Manipulierbarkeit durch unterschiedlichen Wertansatz der Mietzinsausfälle durch Leerstand • Aussagekraft nur in Zusammenhang mit weiteren Kennzahlen (Vermietungsumsatz, Flächenbestand, Durchschnittsmiete vor Ort) • Trifft keine Aussage über Realisierbarkeit des Wertsteigerungspotenzials

4.4 Nebenkosten

Formel

Summe aller in einem Betrachtungszeitraum angefallenen Kosten aus dem Betrieb und der Bewirtschaftung einer Immobilie

Beispielhafte Nebenkostenaufstellung:

		t_1	t_i (je m²)	t_2	t_z (je m²)
1	Abfallgebühr	9.290,76 €	0,06 €	9.291,00 €	0,06 €
2	Außenanlage / Winterdienst	207,35 €	0,00 €	4.546,84 €	0,03 €
3	Grundsteuer	48.257,16 €	0,33 €	48.257,16 €	0,33 €
4	Haftpflichtversicherung	1.892,34 €	0,01 €	1.939,65 €	0,01 €
5	Hausmeister	54.541,38 €	0,37 €	55.080,85 €	0,38 €
6	Heizkosten	70.199,23 €	0,48 €	75.398,10 €	0,51 €
7	Notruf Aufzug	348,39 €	0,00 €	383,07 €	0,00 €
8	Presscontainer	2.704,13 €	0,02 €	2.601,78 €	0,02 €
9	Reinigung	1.623,08 €	0,01 €	1.195,00 €	0,01 €
10	Sachversicherung	15.295,24 €	0,10 €	16.302,19 €	0,11 €
12	Sprechanlage Aufzug	1.133,92 €	0,01 €	1.153,96 €	0,01 €
13	Strom	1.800,47 €	0,01 €	2.100,55 €	0,01 €
14	Stromkosten	22.598,09 €	0,15 €	20.015,79 €	0,14 €
16	Strom Einzelmieter EG 100	679,47 €	0,00 €	– €	– €
17	TÜV Aufzug	1.460,83 €	0,01 €	1.764,78 €	0,01 €
18	Verwaltergebühr	109.604,52 €	0,75 €	31.836,52 €	0,22 €
19	Wachdienst	8.480,04 €	0,06 €	8.480,04 €	0,06 €
20	Wartung*	19.121,67 €	0,13 €	19.057,43 €	0,13 €
21	Schmutzwasser	– €	– €	3.225,71 €	0,02 €
	Zwischensumme	**369.238,07 €**	**2,52 €**	**302.630,42 €**	**2,06 €** netto
	zzgl. MwSt. 19% (teilweise):	11.957,66 €		17.220,26 €	
	Gesamtsumme:	**381.195,73 €**		**319.850,68 €**	brutto

* Aufzug, Druckerhöhungsanlage, Feuerlöscher, Hebeanlage, Notbeleuchtung, Pumpenanlage, Rauchabzugsanlage, RLT-Anlage, Brandschutz, Blitzschutz

Bewirtschaftungskosten:
In Abhängigkeit von Objektart, Lage, Ausstattung und Mietvertragssituation gelten i. d. R. folgende Ansätze für die jeweiligen Bewirtschaftungskosten-Bestandteile:

- Betriebskosten: siehe »Nebenkostenaufstellung«
- Mietausfallwagnis: 2% bis 4% des Jahresrohertrags
- Verwaltungskosten: 1,5% bis 4% des Jahresrohertrags
- Instandhaltungskosten: 4,50 € bis 9,00 € je m² Nutzfläche

4.4   Nebenkosten

Erläuterung

Als Nebenkosten bezeichnet man die neben der Miete / Pacht vom Mieter / Nutzer zu zahlenden zusätzlichen Kosten eines Objektes. Dazu gehören zum Beispiel Verwaltungsgebühren, Versicherungen, Allgemeinstrom, Wasser, Müllabfuhr- und Straßenreinigungsgebühren, Hausmeisterkosten oder Hausreinigungskosten. Nebenkosten sind grundsätzliche jene Kosten, die neben einer Hauptlast entstehen. Nach der Betriebskostenverordnung werden die umlagefähigen Neben- bzw. Betriebskosten von den nicht umlagefähigen Bewirtschaftungskosten (vgl. Seite 104) unterschieden. Letztere sind nicht den Mietern einer Immobilie belastbar und insofern vom Eigentümer zu tragen.

Durch Abschluss von Wartungsverträgen kann die Höhe der nicht umlagefähigen Kosten gesenkt werden, da Wartungsarbeiten grundsätzlich umlagefähig sind.

Vorteile	Nachteile
• Höhe und Zusammensetzung der Betriebs- bzw. Nebenkosten lässt eine Aussage der Gebäudequalität zu • Mit dem »OSCAR Office Service Charge Analysis Report« von Jones Lang LaSalle wird die Marktpositionierung einer bestimmten Bezugsimmobilie möglich • Ermöglicht die Identifizierung von Kostensenkungs- und somit Wertsteigerungspotenzialen	• Trifft lediglich eine Aussage über die absolute Kostensituation einer Immobilie • Kann im Zeitablauf stark schwanken, z. B. aufgrund von Energiekosten oder Reperaturanteilen • Alleinstehend wenig aussagekräftig

4.5   Betriebskostenquote

Formel

$$\frac{\text{Summe aller Betriebskosten}}{\text{Jahresnettomiete (Ist) inkl. Betriebskosten}} \times 100\,\%$$

Rechenbeispiel

$$\frac{302.630,42\,\text{€}}{1.188.535,05\,\text{€} + 302.630,42\,\text{€}} \times 100\,\% = 20,29\,\%$$

Erläuterung

Die Betriebskostenquote gibt an, welcher Anteil der Mieteinnahmen für den Betrieb der Immobilie aufgewandt werden muss. Betriebskosten sind Kosten, die beim Eigentümer als Lasten des Grundstücks anfallen. Sie sind grundsätzlich vom Eigentümer zu tragen, auch wenn eine Immobilie vermietet ist. Allerdings wird dann im Allgemeinen im Mietvertrag vereinbart, dass der Mieter dem Vermieter die Nebenkosten zu erstatten hat.

Nach der gesetzlichen Definition in § 1 Abs. 1 S. 1 Betriebskostenverordnung sind Betriebskosten »*die Kosten, die dem Eigentümer oder Erbbauberechtigten durch das Eigentum oder Erbbaurecht am Grundstück oder durch den bestimmungsmäßigen Gebrauch des Gebäudes, der Nebengebäude, Anlagen, Einrichtungen und des Grundstücks laufend entstehen*«. Damit ist zunächst festgelegt, dass Betriebskosten nur diejenigen Kosten sind, die gerade durch das Eigentum (oder das Erbbaurecht) an einer Immobilie laufend entstehen. Einmalige Kosten sind deshalb keine Betriebskosten. Eine wichtige und in der Praxis häufig umstrittene Abgrenzung betrifft die Unterscheidung von Betriebskosten und Instandhaltungs- oder Instandsetzungskosten.

Vorteile	Nachteile
• Ermöglicht den Vergleich mit anderen Immobilien • Indikator für die Wirtschaftlichkeit eines Objektes	• Kennzahl kann keine Aussage über die Qualität der Immobilie treffen • Es können nur Immobilien mit annähernd gleichen Voraussetzungen (Alter, Ausstattung, Teilmarkt, Lage) verglichen werden

4.6   Instandsetzungsquote

Formel

$$\frac{\text{Summe aller Instandsetzungskosten p.\,a.}}{\text{Jahresnettomiete (Ist)}} \times 100\,\%$$

Rechenbeispiel

$$\frac{62.524,41\ €}{1.188.535,05\ €} \times 100\,\% = 5,26\,\%$$

Erläuterung

Unter Instandsetzung wird die Behebung von vorhandenen Mängeln bzw. werden alle Maßnahmen, die zur Wiederherstellung eines einmal vorhandenen früheren Zustands einer Immobilie dienen, verstanden. Instandsetzungskosten sind demnach Kosten der (Wieder-)Instandsetzung von Betriebsmitteln, haben also im Gegensatz zu Instandhaltungskosten keinen vorbeugenden Charakter. Instandsetzungskosten stehen zwischen Instandhaltungs- und Reparaturkosten. Kleinere und mit einer gewissen Regelmäßigkeit anfallende Instandsetzungskosten rechnet man zu den Instandhaltungskosten, größere und unregelmäßig anfallende zu den Reparaturkosten, welche nicht auf die Mieter umlegbar sind. Man spricht bei den Instandsetzungskosten deshalb auch von den nicht umlagefähigen Kosten i.e.S. Insofern erfolgt die Kostenübernahme der Instandsetzung durch den Vermieter. Aus diesem Grund ist es geboten, aus den laufenden Mieteinnahmen eine Rücklage für Instandsetzungsmaßnahmen zu bilden.

Vorteile	Nachteile
• Lässt Rückschlüsse auf die Investitionspolitik und -bedarf zu • Erlaubt Aussagen über die Kostenentwicklung im Zeitablauf • Wichtige Kennzahl für Investitionsentscheidungen	• Kann ohne ersichtlichen Grund stark schwanken • Nur im Zeitablauf eine sinnvolle Größe • Instandhaltungskosten und Instandsetzungskosten sind im Einzelfall nur schwer voneinander abzugrenzen

4.7   Instandhaltungsquote

Formel

$$\frac{\text{Summe aller Instandhaltungskosten}}{\text{Jahresnettomiete (Ist)}} \times 100\,\%$$

Rechenbeispiel

$$\frac{104.212,54\ €}{1.188.535,05\ €} \times 100\,\% = 8,77\,\%$$

Erläuterung

Setzt man die Instandhaltungskosten ins Verhältnis zur Jahresnettomiete (Ist) erhält man die Instandhaltungsquote. Instandhaltungskosten sind Kosten, die für die Erhaltung der Betriebsmittel in einsatzfähigem Zustand anfallen. Nach der DIN 31051 gehören zur Instandhaltung (zu den Instandhaltungskosten): Wartung (Wartungskosten), Inspektion (Inspektionskosten) und Instandsetzung (Instandsetzungskosten).

Instandhaltungskosten haben überwiegend vorbeugenden Charakter. Sie schließen kleinere, regelmäßig anfallende Instandsetzungskosten mit ein. Durch den vorzeitigen Austausch von Ersatzteilen wird jeder möglichen Störung planmäßig entgegengewirkt.

Vorteile	Nachteile
• Vorausschauende Instandhaltungsmaßnahmen haben einen positiven Einfluss auf die nachhaltige Wertentwicklung einer Immobilie • Vergleich im Zeitablauf erlaubt Rückschlüsse auf Versäumnisse der Investitionspolitik • Durch Abschluss umfassender Wartungsverträge kann der Eigentümer einer Immobilie den Instandsetzungsaufwand auf Kosten der Mieter minimieren (sofern im Mietvertrag geregelt)	• Kann im Zeitablauf stark schwanken • Lediglich im Zeitablauf sinnvolle Größe • Instandhaltungskosten und Instandsetzungskosten sind im Einzelfall nur schwer voneinander abzugrenzen

4.8 Liquiditätsreserve

Formel

Nettogeschoss-fläche des Gebäudes	x	Individueller Kostenansatz des Eigentümers je m² und Monat

Rechenbeispiel

13.439 m² x 0,50 € = 6.719,50 € / Monat

Erläuterung

Eine Liquiditätsreserve wird von konservativ vorgehenden Investoren in die Prognoserechnung einer Investition eingearbeitet. Ein Teil der laufenden Überschüsse aus dem Vermietungsgeschäft wird nicht an die Gesellschafter ausgeschüttet, sondern vielmehr als »Sicherheitspolster« der Liquiditätsreserve zugeführt. Hieraus können in der Folge beispielsweise unvorhersehbare Reparaturen gezahlt werden, ohne dass sich eine unmittelbare, negative Auswirkung auf die prognostizierten Ausschüttungen ergibt. Die Höhe der Liquiditätsreserve ergibt sich aus der jeweiligen Risikofreudigkeit der Investoren sowie der spezifischen Situation um die betrachtete Immobilie. Als Faustregel für die Größenordnung der Liquiditätsreserve hat sich ein Betrag zwischen 0,50 € und 1,00 € je m² Nettogeschossfläche und Monat etabliert.

Offene Immobilienfonds benötigen aus einem weiteren Grund eine Liquiditätsreserve: Damit die Handelbarkeit der Fondsanteile zu jeder Zeit sichergestellt ist, investieren die Fondsmanager das Geld der Anleger nicht nur in Gebäude und Grundstücke, sondern auch in Zinspapiere oder ähnliche schnell verfügbare Anlagen. Per Gesetz muss die Liquiditätsreserve des Fonds mindestens 5 % des Fondsvermögens betragen, darf aber höchstens auf 49 % steigen. Die Kapitalanlagegesellschaft ist verpflichtet, einen Fonds zeitweilig zu schließen, wenn die Liquiditätsreserve weniger als 5 % des Fondsvermögens ausmacht.

Vorteile	Nachteile
• Sichert das finanzielle Gleichgewicht einer Immobilieninvestition • Auf unvorhergesehene Ausgaben kann ggf. ohne Aufnahme fremder Mittel reagiert werden • Bei Wiederanlage der Liquiditätsreserve wird die Gesamtrentabilität positiv beeinflusst	• Zu hohe Reserven beeinflussen die Rentabilität der Investition negativ • Zu niedrige Reserven gepaart mit hohen Ausschüttungen können zu einem Liquiditätsproblem führen • Kann im Zeitablauf stark schwanken

4.9 Durchschnittsalter eines Immobilienportfolios

Formel

$$\frac{\Sigma \text{ Alter der jeweiligen Immobilie}}{\text{Anzahl der Immobilien im Portfolio}}$$

Rechenbeispiel

Aus Vereinfachungsgründen wird an dieser Stelle auf ein Rechenbeispiel verzichtet und ein Durchschnittsalter von 15 Jahren unterstellt.

Erläuterung

Die Kennzahl ermittelt das durchschnittliche Alter aller in einem bestimmten Immobilienportfolio zusammengefassten Immobilien. Bei unterschiedlichen Nutzungsarten kann es sinnvoll sein, diese Kennzahl nutzungsspezifisch aufzuteilen: Je nach Nutzungsart haben Immobilien bei ordnungsgemäßer Instandhaltung eine durchschnittliche wirtschaftliche Gesamtnutzungsdauer zwischen 40 Jahren (z. B. landwirtschaftliche Mehrzweckhallen) bis 100 Jahren (z. B. hochwertige Einfamilienhäuser). Bei Bürogebäuden liegt diese zwischen 60 bis 80 Jahren. Insofern ist es ratsam, bei alten, aber kernsanierten Immobilien ein (fiktives) jüngeres Baujahr zu unterstellen. Diese Vorgehensweise wird regelmäßig bei der Bewertung von Immobilien angewendet, um in der Vergangenheit liegende Modernisierungsmaßnahmen zu berücksichtigen. Somit ist diese Kennzahl ein Indikator für möglicherweise anstehenden Sanierungsaufwand.

Vorteile	Nachteile
• Etablierte, verständliche und leicht ermittelbare Kennzahl • Kennzahl mit qualitativer Aussagekraft • Je kleiner diese Kennzahl ist, umso eher erfüllen die betrachteten Immobilien heutige Nutzeranforderungen • Kennzahl kann Aufschluss über möglichen Sanierungsaufwand des Immobilienportfolios geben	• Kalkulatorische Größe, die alleinstehend wenig Aussagekraft hat • Aussagekraft nur in Zusammenhang mit weiteren Kennzahlen (z. B. durchschnittliche Instandhaltungskosten) • Anfällig für Manipulationen

Kapitel 5

Investition / Finanzierung

5.1   Bruttoanfangsrendite

Formel

$$\frac{\text{Jahresnettomiete (Ist)}}{\text{(ohne Berücksichtigung der Betriebskosten)}} \times 100\,\%$$

$$\frac{}{\text{Nettokaufpreis (ohne Berücksichtigung von Erwerbsnebenkosten)}} \times 100\,\%$$

Rechenbeispiel

$$\frac{1.188.535,05\ \euro}{17.350.000\ \euro} \times 100\,\% = 6,85\,\%$$

Erläuterung
Die Bruttoanfangsrendite ist die einfachste Renditekennzahl, da sie lediglich die Vertragsmiete mit dem Kaufpreis in Relation bringt. Es geht um die Betrachtung dessen, was vertraglich vereinbart ist. Außerordentliche Erlösminderungen (z. B. Mieterincentives, Mietrückstände) bzw. -steigerungen werden nicht berücksichtigt. Rechnerisch stellt der Bruttomultiplikator dessen Kehrwert dar. Dieser gibt das Vielfache des Jahresrohertrags einer Immobilie an, um somit auf den Kaufpreis oder Wert zu gelangen.

Vorteile	Nachteile
• Leicht ermittelbare und verständliche Kennzahl mit hoher Praxisrelevanz • Einzig objektive und nachvollziehbare Renditedefinition, da ihr keine subjektive Annahmen unterliegen • Indikator dafür, ob eine Immobilie im Vergleich mit anderen Objekten günstig oder teuer ist • Im historischen Vergleich einsetzbar als Indikator für die Preisentwicklung	• Wenig Aussagekraft, wenn keine weiterführenden Informationen insb. über Vermietungssituation und Instandhaltungszustand vorliegen • Mietsteigerungspotenziale werden außer Acht gelassen • Statische, stichtagsbezogene Renditekennzahl

5.2   Bruttomultiplikator

Formel

$$\frac{\text{Nettokaufpreis (ohne Berücksichtigung von Erwerbsnebenkosten)}}{\text{Jahresnettomiete (Ist)}}$$
(ohne Berücksichtigung der Betriebskosten)

Rechenbeispiel

$$\frac{17.350.000 \ €}{1.188.535,05 \ €} = 14,60\text{-fache Jahresnettomiete (Soll)}$$

Erläuterung

Als Kehrwert zur Bruttoanfangsrendite ist diese Kennzahl die einfachste Form eines Vervielfältigers, da sie lediglich den Quotienten aus Kaufpreis zu jährlicher Vertragsmiete ermittelt. Es geht um die Betrachtung dessen, was vertraglich vereinbart ist. Außerordentliche Erlösminderungen (z. B. Mieterincentives, Mietrückstände) bzw. -steigerungen werden nicht berücksichtigt.

Vorteile	Nachteile
• Leicht ermittelbare und verständliche Kennzahl mit hoher Praxisrelevanz • Einzig objektive und nachvollziehbare Renditedefinition, da ihr keine subjektiven Annahmen unterliegen • Indikator dafür, ob eine Immobilie im Vergleich mit anderen Objekten günstig oder teuer ist • Im historischen Vergleich einsetzbar als Indikator für die Preisentwicklung	• Wenig Aussagekraft, wenn keine weiterführenden Informationen insb. über Vermietungssituation und Instandhaltungszustand vorliegen • Mietsteigerungspotenziale werden außer Acht gelassen • Statische, stichtagsbezogene Kennzahl

5.3   Nettoanfangsrendite

Formel

$$\frac{\text{Jahresnettomiete (Ist)} - \text{nicht umlagefähige Bewirtschaftungskosten}}{\text{Nettokaufpreis} + \text{Erwerbsnebenkosten}} \times 100\,\%$$

Rechenbeispiel

$$\frac{1.188.535,05\ € - 62.524,41\ €}{17.350.000\ € + 1.041.000\ €} \times 100\,\% = 6,12\,\%$$

Erläuterung

Die Nettoanfangsrendite stellt eine Erweiterung der Bruttoanfangsrendite um die Berücksichtigung nicht umlagefähiger Betriebskosten sowie der Erwerbsnebenkosten (i. d. R. Grunderwerbsteuer, Notar- und Gerichtskosten, Maklerprovision) dar. Außerordentliche Erlösminderungen (z. B. Mieterincentives, Mietrückstände) werden nicht berücksichtigt. In der Praxis wird jedoch meist die Bruttoanfangsrendite (vgl. S. 67) zur Analyse eingesetzt.

Vorteile	Nachteile
• Leicht ermittelbare und verständliche Kennzahl mit hoher Praxisrelevanz • Indikator dafür, ob eine Immobilie im Vergleich mit anderen Objekten günstig oder teuer ist • Im historischen Vergleich einsetzbar als Indikator für die Preisentwicklung	• Wenig Aussagekraft, wenn keine weiterführenden Informationen insb. über Vermietungssituation und Instandhaltungszustand vorliegen • Mietsteigerungspotenziale werden außer Acht gelassen • Statische, stichtagsbezogene Renditekennzahl

5.4   Nettomultiplikator

Formel

$$\frac{\text{Nettokaufpreis} + \text{Erwerbsnebenkosten}}{\text{Jahresnettomiete (Ist)} - \text{nicht umlagefähige Bewirtschaftungskosten}} \times 100\%$$

Rechenbeispiel

$$\frac{17.350.000\ € + 1.041.000\ €}{1.188.535,05\ € - 62.524,41\ €} = 16,33\text{-fache der Jahresnettomiete (Soll)}$$

Erläuterung

Als Kehrwert zur Nettoanfangsrendite ermittelt diese Kennzahl den Quotienten aus Kaufpreis zzgl. Erwerbsnebenkosten zur jährlichen Jahresnettomiete (Ist) abzgl. nicht umlagefähiger Bewirtschaftungskosten. Außerordentliche Erlösminderungen (z. B. Mieterincentives, Mietrückstände) bzw. -steigerungen werden nicht berücksichtigt.

Der Nettomultiplikator stellt somit auch eine Erweiterung des Bruttomultiplikators (vgl. Seite 68) um die Berücksichtigung nicht umlagefähiger Betriebskosten sowie der Erwerbsnebenkosten (i. d. R. Grunderwerbsteuer, Notar- und Gerichtskosten, Maklerprovision) dar.

Vorteile	Nachteile
• Leicht ermittelbare und verständliche Kennzahl mit hoher Praxisrelevanz • Indikator dafür, ob eine Immobilie im Vergleich mit anderen Objekten günstig oder teuer ist • Im historischen Vergleich einsetzbar als Indikator für die Preisentwicklung	• Wenig Aussagekraft, wenn keine weiterführenden Informationen insb. über Vermietungssituation und Instandhaltungszustand vorliegen • Wachstumskomponenten werden außer Acht gelassen • Insbesondere bei Immobilien-Development kaum aussagekräftige Kennzahl • Statische, stichtagsbezogene Renditekennzahl

5.5 Bruttosollrendite

Formel

$$\frac{\text{Kalkulierte Jahresnettomiete (Soll) bei Vollvermietung (ohne Berücksichtigung der Betriebskosten)}}{\text{Nettokaufpreis (ohne Berücksichtigung von Erwerbsnebenkosten)}} \times 100\,\%$$

Rechenbeispiel

$$\frac{1.666.991,25\ \text{€}}{17.350.000\ \text{€}} \times 100\,\% = 9,61\,\%$$

Erläuterung

Analog zur Bruttoanfangsrendite (vgl. Seite 67) wird hier lediglich die Jahresmiete – allerdings bei angenommener Vollvermietung – durch den Kaufpreis geteilt, um auf die Bruttosollrendite zu kommen. Zur Ermittlung dieser Sollmiete wird zu der vertraglich geregelten Jahresmiete ein Mietansatz für leerstehende Flächen, Parkplätze usw. addiert. Die Summe daraus ist die Jahresnettomiete (Soll). Aufgrund bestehender Unsicherheit über die zu erzielende Miete ist es angebracht, die jeweiligen Mietansätze auf Basis von plausibilisierbaren Marktmieten zu bestimmen.

Vorteile	Nachteile
• Etablierte Kennzahl mit hoher Praxisrelevanz • Zeigt im Vergleich mit der Bruttoanfangsrendite das Mietsteigerungspotenzial der betrachteten Immobilie auf	• Subjektive Einschätzung der Mietansätze lässt Spielraum für Manipulation • Trifft keine Aussage über den erforderlichen Zeitraum zur Erreichung der Vollvermietung • Kann im Zeitablauf schwanken

5.6   Bruttosollmultiplikator

Formel

Nettokaufpreis (ohne Berücksichtigung von Erwerbsnebenkosten)
Kalkulierte Jahresnettomiete (Soll) bei Vollvermietung (ohne Berücksichtigung der Betriebskosten)

Rechenbeispiel

$$\frac{17.350.000 \,€}{1.666.991,25 \,€} = 10{,}42\text{-fache Jahresnettomiete (Soll)}$$

Erläuterung

Als Kehrwert zur Bruttosollrendite (vgl. Seite 71) gibt diese Kennzahl ein Vielfaches der Jahresnettomiete (Soll) an. Zur Ermittlung dieser Sollmiete wird zu der vertraglich geregelten Jahresmiete ein Mietansatz für leerstehende Flächen, Parkplätze usw. addiert. Die Summe daraus ist die Jahressollmiete. Aufgrund bestehender Unsicherheit über die zu erzielende Miete ist es angebracht, die jeweiligen Mietansätze auf Basis von plausibilisierbaren Marktmieten zu bestimmen.

Vorteile	Nachteile
• Etablierte Kennzahl mit hoher Praxisrelevanz • Zeigt im Vergleich mit dem Bruttomultiplikator das Mietsteigerungspotenzial der betrachteten Immobilie auf	• Subjektive Einschätzung der Mietansätze lässt Spielraum für Manipulation • Trifft keine Aussage über den erforderlichen Zeitraum zur Erreichung der Vollvermietung • Kann im Zeitablauf schwanken

5.7 Nettosollrendite

Formel

$$\frac{\text{Kalkulierte Jahresnettomiete (Soll) bei Vollvermietung} - \text{nicht umlagefähige Bewirtschaftungskosten}}{\text{Nettokaufpreis} + \text{Erwerbsnebenkosten}} \times 100\,\%$$

Rechenbeispiel

$$\frac{1.666.991,25\,€ - 62.524,41\,€}{17.350.000\,€ + 1.041.000\,€} \times 100\,\% = 8,72\,\%$$

Erläuterung

Bei der Nettosollrendite wird die Bruttosollrendite (vgl. Seite 71) um die nicht umlagefähigen Betriebskosten sowie die Erwerbsnebenkosten erweitert. Zur Ermittlung dieser Sollmiete wird zu der vertraglich geregelten Jahresmiete ein Mietansatz für leerstehende Flächen, Parkplätze usw. addiert. Die Summe daraus ist die Jahressollmiete. Aufgrund bestehender Unsicherheit über die zu erzielende Miete ist es angebracht, die jeweiligen Mietansätze auf Basis von plausibilisierbaren Marktmieten zu bestimmen. Wie bei der Nettoanfangsrendite werden auch hier außerordentliche Erlösminderungen, wie z.B. Mieterincentives oder Mietrückstände, nicht berücksichtigt.

Vorteile	Nachteile
• Etablierte Kennzahl mit hoher Praxisrelevanz • Zeigt im Vergleich mit der Netto-anfangsrendite das Mietsteigerungspotenzial der betrachteten Immobilie auf • Wachstumskomponenten werden berücksichtigt	• Subjektive Einschätzung der Mietansätze lässt Spielraum für Manipulation • Trifft keine Aussage über den erforderlichen Zeitraum zur Erreichung der Vollvermietung • Kann im Zeitablauf schwanken

5.8   Nettosollmultiplikator

Formel

$$\frac{\text{Nettokaufpreis + Erwerbsnebenkosten}}{\text{Kalkulierte Jahresnettomiete (Soll) bei Vollvermietung}}$$
$$- \text{ nicht umlagefähige Bewirtschaftungskosten}$$

Rechenbeispiel

$$\frac{17.350.000\ € + 1.041.000\ €}{1.666.991,25\ € - 62.524,41\ €} = 11,46\text{-fache Jahresnettomiete (Soll)}$$

Erläuterung

Mit dem Nettosollmultiplikator wird ein Vielfaches der Jahresnettomiete (Soll) unter Berücksichtigung aller nicht umlagefähigen Betriebskosten, wie z. B. Instandsetzungskosten, sowie der Erwerbsnebenkosten definiert. Zur Ermittlung dieser Sollmiete wird zu der vertraglich geregelten Jahresmiete ein Mietansatz für leerstehende Flächen, Parkplätze usw. addiert. Die Summe daraus ist die Jahresnettomiete (Soll). Aufgrund bestehender Unsicherheit über die zu erzielende Miete ist es angebracht, die jeweiligen Mietansätze auf Basis von plausibilisierbaren Marktmieten zu bestimmen.

Vorteile	Nachteile
• Etablierte Kennzahl mit hoher Praxisrelevanz • Zeigt im Vergleich mit der Netto-anfangsrendite (vgl. Seite 69) das Mietsteigerungspotenzial der betrachteten Immobilie auf • Wachstumskomponenten werden berücksichtigt	• Subjektive Einschätzung der Mietansätze lässt Spielraum für Manipulation • Trifft keine Aussage über den erforderlichen Zeitraum zur Erreichung der Vollvermietung • Kann im Zeitablauf schwanken

5.9   Return on Equity – ROE

Formel

$$\frac{\text{Jahresnettomiete (Ist)} - \text{nicht umlagefähige Nebenkosten} - \text{Finanzierungskosten}}{\text{Eigenkapital}} \times 100\,\%$$

Rechenbeispiel

$$\frac{1.126.010,64\,€ - 703.485\,€}{2.758.650\,€} \times 100\,\% = 15,32\,\%$$

Erläuterung

Der Return on equity setzt den nach Abzug der Finanzierungskosten verbleibenden Reinertrag (vgl. Seite 102) eines Jahres bzw. Abrechnungszeitraums ins Verhältnis zum investierten Eigenkapital. Insofern gibt diese Kennzahl Aufschluss darüber, wie das Kapital des Investors verzinst wird. Bei konstantem Reinertrag steigt die Eigenkapitalrendite mit steigendem Fremdkapitaleinsatz aufgrund dessen Hebeleffekts. Investorenabhängig fließen auch Tilgungszahlungen in die Ermittlung dieser Kennziffer mit ein, um auf einen Netto-ROE zu gelangen.

Vorteile	Nachteile
• Zählt zu den wichtigsten in der Immobilienanalyse verwendeten Kennzahlen • Leicht verständlich • Berücksichtigung der Fremdkapitalkosten	• Wertänderungen bleiben unberücksichtigt • Vernachlässigung des Investitionsrisikos • Keine Aussage über die Wertschöpfung möglich • Manipulierbar, da abhängig vom Rechnungswesen

5.10 Internal Rate of Return – IRR

Formel

Der interne Zinsfuß r einer Zahlungsreihe ist derjenige Kalkulationsfuß, für den der Kapitalwert K der Zahlungsreihe gleich 0 ist:

$$K_0 = \sum_{t=0}^{n} \frac{e_t}{(1+r)^t} = 0$$

Rechenbeispiel

Es liegt folgende Cashflow-Reihe (unter Berücksichtigung aller Kosten) zugrunde:

t_0:	– 2.758.650,00 €
t_1:	316.946,93 €
t_2:	451.871,58 €
t_3:	582.250,89 €
t_4:	685.597,43 €
t_5:	9.361.796,44 €
	(inkl. Veräußerung)

Interner Zinsfuß (bezogen auf das EK): 37,87 %

Erläuterung

Die interne Zinsfußmethode ist ein Verfahren der dynamischen Investitionsrechnung, mit der die relative Vorteilhaftigkeit verschiedener Investitionsmöglichkeiten mit unterschiedlichen zeitlichen Strukturen von Ein- und Auszahlungen ermittelt wird. Bei der internen Zinsfußmethode werden alle für den Anleger relevanten Zahlungsströme (Einzahlungen und Auszahlungen) sowie die Steuerwirkungen betrachtet und auf den Zeitpunkt des Kapitaleinsatzes diskontiert. Der interne Zinsfuß ist der Zinsfuß, bei dessen Verwendung als Kalkulationszinsfuß der Kapitalwert (Barwert) der Investition genau null ergibt. Bei der Berechnung des internen Zinsfußes wird nur das jeweils noch gebundene Kapital berücksichtigt. Das jeweils gebundene Kapital unterliegt während der Laufzeit der Beteiligung ständigen Veränderungen. Die mit der Methode des internen Zinsfußes ermittelte Rendite trifft lediglich eine Aussage über die Verzinsung des durchschnittlich während der Beteiligungsdauer gebundenen Kapitals, nicht jedoch über die Verzinsung des ursprünglich eingesetzten

5.10 Internal Rate of Return – IRR

Kapitals. Sie ist daher nicht mit der Verzinsung anderer Kapitalanlagen vergleichbar, bei denen sich das gebundene Kapital nicht ändert. Ein Vergleich ist nur dann möglich, wenn auch bei der alternativ betrachteten Anlagemöglichkeit die Rendite nach der Methode des internen Zinsfußes ermittelt wurde. Der interne Zinsfuß berücksichtigt für Investitionen mit ungleichmäßigen Zahlungsströmen neben der Höhe der Zahlungsein- und -ausgänge auch deren zeitlichen Anfall.

Vorteile	Nachteile
• Einfache Vergleichbarkeit mit unterschiedlichen Investitionsalternativen • Alle erwarteten zahlungsrelevanten Tatbestände des Betrachtungszeitraumes werden berücksichtigt • International etabliertes Verfahren • Die Methode des internen Zinssatzes eignet sich in der Praxis gut zur Beurteilung von Einzelinvestitionen in unvollständig definierten Szenarien	• Komplexes Rechenmodell • Trotz positivem IRR kann eine längere Phase der Illiquidität zur Insolvenz führen • Manipulierbarkeit insbesondere bei zukünftigen Zahlungsströmen wie Mietentwicklung oder zukünftiger Verkaufserlös • Weiterhin geht diese Methode davon aus, dass sämtliche Kapitalrückflüsse zum internen Zinssatz wieder angelegt werden (Wiederanlageprämisse) und nicht zum Marktzinssatz (Kapitalwertmethode). Die Wiederanlageprämisse wird in der Praxis überwiegend als unrealistisch eingeordnet

5.11 Return on Investment – ROI

Formel

$$\frac{NOI - Finanzierungskosten}{Investition} \times 100\,\%$$

Rechenbeispiel

$$\frac{1.126.010,64\,€ - 703.485\,€}{18.391.000\,€} \times 100\,\% = 2,30\,\%$$

Erläuterung

Mit dem ROI wird die Gesamtrentabilität des eingesetzten Kapitals (EK & FK) gemessen. Der Return on Investment (ROI) ist eine Kennzahl, die Aufschluss über das Verhältnis von Investition und Gewinn gibt: Die Kosten einer Investition werden in Beziehung zur Höhe des erwarteten Gewinns gesetzt. Der ROI gibt den prozentualen Anteil des Gewinns an einer Investition an und damit den Wert, der aus einer Investition zurückfließen wird.

Als alleinige Entscheidungsgrundlage sollte der ROI nicht dienen, da er keine Aussagen über mögliche Risiken der Investition und über die Größenordnung der Rückflüsse zulässt.

Vorteile	Nachteile
• Gehört zu den am häufigsten verwendeten Kennzahlen • Einfache Ermittlung • Berücksichtigung der Fremdkapitalkosten	• Risiken der Investition werden nicht berücksichtigt • Fehlende Berücksichtigung der Haltedauer sowie zukünftiger Entwicklungen • Vergangenheitsorientierung durch Abbildung buchhalterischer Daten • Keine objektiven Zielvorgaben für die Höhe des ROI aus der Theorie ableitbar • Manipulierbar, da abhängig vom Rechnungswesen • Keine Aussage über Wertschöpfung möglich

5.12 Capitalization Rate

Formel

$$\frac{\text{Jahresnettomiete (Ist)} - \text{nicht umlagefähige Nebenkosten}}{\text{Kaufpreis exkl. Erwerbsnebenkosten}} \times 100\%$$

Rechenbeispiel

$$\frac{1.126.010,64\ \text{€}}{17.350.000\ \text{€}} \times 100\% = 6,49\%$$

Erläuterung

Die Capitalization Rate (Cap Rate) ist eine in angelsächsisch geprägten Märkten geläufige Renditekennziffer, welche analog zur Nettoanfangsrendite das Nettoeinkommen mit dem Kaufpreis ins Verhältnis setzt. Allerdings werden Erwerbsnebenkosten nicht berücksichtigt, weshalb die Cap Rate regelmäßig höher als die Nettoanfangsrendite ausfällt. Je höher die Cap Rate ist, umso stärker ist die wirtschaftliche Leistungsfähigkeit einer Immobilie – allerdings auch deren Risiko.

Vorteile	Nachteile
• International häufig verwendete Kennzahl • Bei ausreichend vorhandener Anzahl Cap Rates von Vergleichsobjekten ist eine Ableitung des Marktwerts der Bezugsimmobilie möglich • Ermöglicht den Vergleich von Immobilien gleicher Nutzungsart mit unterschiedlichen Werten	• Statische Betrachtung, da stichtagsbezogen • Fremdkapitalkosten finden keine Berücksichtigung • Wachstumskomponenten werden außer Acht gelassen

5.13 Debt Service Coverage Ratio – DSCR

Formel

$$\frac{\text{Jahresnettomiete (Ist) – nicht umlagefähige Nebenkosten}}{\text{Zins und Tilgung objektrelevanter Kredite p. a. bzw. Kapitaldienstkosten}}$$

Rechenbeispiel

$$\frac{1.126.010,64\ \text{€}}{703.485\ \text{€}} = 1,6$$

Erläuterung

Mit der Debt Service Coverage Ratio bzw. der Schuldendienstfähigkeit wird das Verhältnis zwischen erforderlichem Kapitaldienst aus dem Kreditvertrag und Cashflow aus der Immobilie wiedergegeben. Die Kennzahl gibt somit Auskunft über die Ertragskraft des zu finanzierenden Objektes. Ein DSCR unter 1 sagt aus, dass der Cashflow aus der Immobilie nicht ausreichend ist, um den Kapitaldienst zu decken. In diesem Fall müsste der Kreditnehmer diesen Fehlbetrag durch Zahlungen aus anderen Mitteln ersetzen. Der realistischere Fall ist allerdings, dass ein Geldgeber nicht bereit sein wird, Finanzmittel für eine Immobilie zur Verfügung zu stellen, die nicht ausreichend Einnahmen generiert, um seinen Kredit inkl. Zinsen zurückzuzahlen. Der DSCR im Rechenbeispiel von 1,6 sagt aus, dass die Immobilie 60 % mehr Einnahmen generiert, als zur Kapitaldienstdeckung erforderlich ist. Geldgeber und Investoren verwenden diese Kennzahl zur Ermittlung der Frage, ob eine Immobilie aus eigener Kraft in der Lage ist, Bewirtschaftungskosten und Kapitaldienst zu tragen. Bei einem DSCR von 1 reicht der Reinertrag gerade aus, um dies zu erreichen. Aus diesem Grund verlangen Geldgeber in der Regel ein DSCR von 1,1 bis 1,3, d. h., der Reinertrag liegt 10 % bzw. 30 % über dem erforderlichen Kapitaldienst und stellt somit einen ausreichenden Risikopuffer dar.

Vorteile	Nachteile
• Trifft Aussage über Ertragskraft der Immobilie • Gibt Aufschluss über zusätzliches Verschuldungspotenzial • Risikomaß für Verschuldungsgrad	• Statische Kennzahl • Keine Aussage zu Fristigkeit des Kapitaldienstes • Wachstumskomponenten werden außer Acht gelassen

5.14 Interest Coverage Ratio – ICR

Formel

$$\frac{\text{Jahresnettomiete (Ist)} - \text{nicht umlagefähige Nebenkosten}}{\text{Zinszahlungen}}$$

Rechenbeispiel

$$\frac{1.126.010,64\ €}{703.485\ €} = 1,6$$

Erläuterung

Mit dem Zinsaufwandverhältnis lässt sich ermitteln, wie oft der Jahresreinertrag in der Lage ist, die Zinszahlungen auf das aufgenommene Fremdkapital zu bedienen. Insofern ist dies eine dem DSCR sehr ähnliche Kennzahl. Je größer jährliche Reinertragsschwankungen ausfallen, desto größer sollte dieser Faktor sein. Im vorliegenden Fall der Beispielimmobilie entspricht das ICR dem DSCR, da der Investor in den Verhandlungen mit der Bank erreichen konnte, ohne laufende Tilgungsleistungen das Darlehen endfällig zu tilgen.

Vorteile	Nachteile
• Trifft Aussage über Ertragskraft der Immobilie • Gibt Aufschluss über zusätzliches Verschuldungspotenzial • Risikomaß für Verschuldungsgrad	• Statische Kennzahl • Keine Aussage zu Fristigkeit des Kapitaldienstes • Wachstumskomponenten werden außer Acht gelassen

5.15 Loan to Value – LTV

Formel

$$\frac{\text{Kreditvolumen}}{\text{Verkehrswert der Immobilie}} \times 100\%$$

Rechenbeispiel

$$\frac{15.633.000 \text{ €}}{19.000.000 \text{ €}} \times 100\% = 82,28\%$$

Erläuterung

Diese Kennziffer definiert das Verhältnis zwischen maximaler Beleihung bzw. Kredithöhe und dem ermittelten Wert der Immobilie (dieser muss nicht dem Kaufpreis entsprechen!). Insofern wird über diese Kennziffer auch das für die Investition erforderliche Eigenkapital definiert. Im Regelfall liegt diese Kennziffer bei 70% bis 80%, da Geldgeber den Differenzbetrag zu 100% im Allgemeinen als Eigenkapital verlangen. Der LTV dient Banken bei der Kreditvergabeentscheidung als wesentlicher Vertragsbestandteil (sog. Covenant), der regelmäßig neu ermittelt wird.

Zudem kann der LTV auch zur Ermittlung des in einer Immobilie »geparkten« Eigenkapitals verwendet werden. In oben stehendem Beispiel bei einem LTV von 82,28% entspricht das vorhandene Eigenkapital 17,72% des Verkehrswertes bzw. rd. 3,37 Mio. €. Einfach ausgedrückt handelt es sich beim LTV um den Verschuldungsgrad in Abhängigkeit zum Wert der Immobilie.

Vorteile	Nachteile
• International etablierte Kennzahl • Hohe Praxisrelevanz • Leicht zu ermitteln	• Keine Aussage über Qualität der Immobilie • Keine Aussage zu Fristigkeit des Kapitaldienstes • Wachstumskomponenten werden außer Acht gelassen • Wertentwicklungen im Zeitablauf bleiben unberücksichtigt

5.16 Loan to Cost – LTC

Formel

$$\frac{\text{Kreditvolumen}}{\text{Gesamtinvestitionskosten}} \times 100\%$$

Rechenbeispiel

$$\frac{15.633.000\ €}{18.391.000\ €} \times 100\% = 85\%$$

Erläuterung

LTC beschreibt das Verhältnis des zu einem bestimmten Zeitpunkt aushaftenden Kreditbetrags zu den historischen Gesamtinvestitionskosten (vgl. Seite 25) einer Immobilie. Diese Kennziffer definiert somit das Verhältnis zwischen maximaler Beleihung bzw. Kredithöhe und der Summe aus Kaufpreis und aller Erwerbsnebenkosten.

Insofern wird über diese Kennziffer (analog zum LTV: dann Gegenwartswert der Immobilie) auch das für die Investition erforderliche Eigenkapital definiert. Im Regelfall liegt diese Kennziffer bei 70 % bis 80 %. Den Differenzbetrag zu 100 % muss vom Investor im Allgemeinen durch Eigenkapital deckt werden. Der LTC dient Banken bei der Kreditvergabeentscheidung als wesentlicher Vertragsbestandteil (sog. Covenant), der regelmäßig neu ermittelt wird. Wie der LTV kann auch der LTC zur Ermittlung des in einer Immobilie »geparkten« Eigenkapitals verwendet werden. In oben stehendem Bespiel bei einem LTC von 85 % entspricht das vorhandene Eigenkapital 15 % der Gesamtinvestition bzw. rd. 2,76 Mio. €. Einfach ausgedrückt handelt es sich beim LTC um den Verschuldungsgrad in Abhängigkeit zur Gesamtinvestition.

Vorteile	Nachteile
• International etablierte Kennzahl • Hohe Praxisrelevanz • Leicht zu ermitteln	• Keine Aussage über Qualität der Immobilie • Keine Aussage zu Fristigkeit des Kapitaldienstes • Wachstumskomponenten werden außer Acht gelassen • Wertentwicklungen im Zeitablauf bleiben unberücksichtigt

5.17   Cash on Cash Return

Formel

$$\frac{\text{Cashflow bzw. (NOI oder Jahresrein-}}{\text{ertrag} - \text{Kapitaldienst)}}{\text{Investiertes Kapital}} \times 100\%$$

Rechenbeispiel

$$\frac{422.525,64 \, €}{2.758.650 \, €} \times 100\% = 15,32\%$$

Erläuterung

Der in angelsächsisch geprägten Ländern gebräuchliche Cash on Cash Return stellt das Verhältnis zwischen Cashflow (vor Steuern) und investiertem Kapital (Cash Invested) als Prozentzahl dar. Ähnlich den im deutschen Sprachraum verbreiteten Anfangsrenditen wird diese Kennziffer gern genutzt, um rasch feststellen zu können, ob es sich bei der angebotenen Immobilie lohnt, in eine vertiefte Prüfung einzusteigen, und bietet sich daher an, mehrere Angebote miteinander zu vergleichen.

Cash on Cash Return wird verwendet, um die Wirtschaftlichkeit einer ertragsorientierten Immobilie zu ermitteln. Bei dessen Ermittlung wird nicht auf die individuelle steuerliche Situation eines Investors eingegangen. Ebenso wenig ist diese statische Kennziffer in der Lage, ein Wert- bzw. Mietsteigerungspotenzial abzubilden.

Vorteile	Nachteile
• Leicht ermittelbare und verständliche Kennzahl • International hohe Praxisrelevanz • Indikator dafür, ob eine Immobilie im Vergleich mit anderen Objekten günstig oder teuer ist • Im historischen Vergleich einsetzbar als Indikator für die Preisentwicklung	• Statische Kennzahl • Wenig Aussagekraft, wenn keine weiterführenden Informationen insb. über Vermietungssituation und Instandhaltungszustand vorliegen • Kennzahl kann Wert- bzw. Mietsteigerungspotenzial nicht abbilden

5.18 Cashflow

Formel   **Rechenbeispiel**

Jahresnettomiete	1.188.535,05 €
– nicht umlagefähige Kosten	62.524,41 €
– Fremdkapitalzins	703.485,00 €
= Cashflow	422.525,64 €

Erläuterung

Unter Cashflow wird in der Finanzwirtschaft der Überschuss von Einzahlungen über die Auszahlungen eines Unternehmens verstanden. Ein immobilienbezogener Cashflow ist also die Differenz aus Objekteinzahlungen (v. a. Mieten und Nebenkostenvorauszahlungen zur Deckung laufender Zahlungen für Betrieb und Verwaltung der Immobilie) und -auszahlungen (Finanzierungskosten, Verwaltungskosten, Betriebskosten, Instandhaltungskosten bzw. eventuelle Modernisierungskosten). Um die Qualität des Cashflows einer Immobilie bestimmen zu können, müssen also zunächst alle für den Cashflow relevanten Ein- und Auszahlungen identifiziert werden. In der Praxis stellt der Cashflow häufig die Differenz aus vertraglich vereinbarter Jahresnettomiete abzüglich nicht umlagefähiger Kosten sowie Kosten der Finanzierung dar.

Vorteile	**Nachteile**
• Exakt • Dient der Ermittlung des operativen Cashflows • Wenig manipulierbar • Vermittelt exakten Eindruck über Zahlungsmittelüberschüsse einer Immobilie • Wesentliche Kennzahl zur Bewertung einer Immobilie auf Basis der DCF-Methode	• Für Externe in der Regel nicht zu ermitteln • Kann im Zeitablauf starken Schwankungen ausgesetzt sein • Kann alleinstehend keine Aussage über dessen Qualität (bspw. Marktkonformität, Fristigkeit) treffen

5.19 Leverage-Effekt

Formel

EKR = GKR + FKQ x (GKR − FKZ)

wobei:
GKR: Gesamtkapitalrentabilität
FKQ: Fremdkapitalquote
EKR: Eigenkapitalrentabilität
FKZ: Fremdkapitalzinssatz

Rechenbeispiel

$$GKR = \frac{248.278,50\ € + 703.485\ €}{18.391.000\ €} = 5,18\%$$

FKQ = 85%
FKZ = 4,5%

EKR = 5,18% + 85% (5,18% − 4,5%) = 5,76%

Erläuterung

Der Leverage-Effekt (engl. für Hebel-Effekt) beschreibt die Möglichkeit, die Eigenkapitalrentabilität durch den Einsatz von Fremdkapital zu erhöhen. Dieser Effekt wird von Investoren bei der Immobilienfinanzierung häufig genutzt, um durch zusätzliche Kreditaufnahme die Eigenkapitalrendite zu steigern. Auf den ersten Blick ist das ein wenig verwunderlich, denn jede Aufnahme von Fremd-kapital verringert die Eigenkapitalquote. Dies wird von Investoren jedoch gerne in Kauf genommen, wenn der Zinssatz für das neu aufgenommene Fremd-kapital unterhalb der Gesamtkapitalrentabilität liegt und sich dadurch die Ei-genkapitalrentabilität erhöht. Als Prämisse für obenstehende Formel gilt, dass der Fremdkapitalzins auch bei steigendem Verschuldungsgrad konstant bleibt, was in der Praxis nicht ganz zutreffend ist, da die Bonität eines Schuldners mit steigendem Verschuldungsgrad abnimmt und dadurch die Zinsen für ei-nen eventuellen Kredit steigen. Solange jedoch die Gesamtkapitalrendite über dem Fremdkapitalzins liegt, lohnt es sich unter Rentabilitätsgesichtspunkten, weiteres Fremdkapital aufzunehmen. Liegt die Gesamtkapitalrentabilität unter dem Fremdkapitalzinssatz, verringert sich die Eigenkapitalrentabilität umso stärker, je größer der Anteil der Fremdfinanzierung an der Gesamtfinanzierung

5.19 Leverage-Effekt

der Investition ausfällt. Somit liegt das Risiko des Leverage-Effektes in potenziellen Veränderungen der Finanzmärkte.

GKR – i > 0	bedeutet, dass der Zuschlag V in der Formel positiv ist. Das heißt, die Rendite des eingesetzten EK erhöht sich, je mehr EK durch FK ersetzt wird (steigende Fremdverschuldung).
GKR – i = 0	bedeutet, dass der Zuschlag den Wert 0 entspricht. Jeder Ersatz von EK durch FK bedeutet, dass der Renditezuwachs durch die zusätzlichen FK-Zinsen neutralisiert wird.
GKR – i < 0	bedeutet, dass der Zuschlag V in der Formel negativ ist. Die Rendite des eingesetzten Kapitals erhöht sich, je mehr FK durch EK ersetzt wird (Abbau von Verschuldung) – sog. negativer Leverage-Effekt.

Vorteile	Nachteile
• Etabliertes Vorgehen zur optimalen Allokation des vorhandenen Eigenkapitals • Hohe Praxisrelevanz • Einfach verständlich	• Das Modell des Leverage-Effektes ist kein geeignetes Modell zur Bestimmung der optimalen Verschuldung einer Investition • Stichtagsbezogene Betrachtung, da die GK-Rentabilität zukünftiger Perioden nur schwer zu bestimmen ist (Schwankungen) • Durch eine exzessive Verschuldungspolitik setzt sich der Investor den Zinsschwankungen des Kapitalmarktes aus. Eine Erhöhung des Zinsniveaus kann somit dramatische Folgen haben (Insolvenzgrund) • Es besteht i. d. R. Unsicherheit über die Höhe der Fremdkapitalzinsen, wenn diese variabel sind und ansteigen können • Stärkere Abhängigkeit von Fremdkapitalgebern schränkt wirtschaftliche Entscheidungsfreiheit ein

5.20   Net Operating Income – NOI

Formel

Jahresnettosollmieteinnahme
+ weitere Einnahmen
− Ansatz für Leerstandsmiete
= tatsächliche Jahresnettomieteinnahme
− nicht umlagefähige Kosten
= Net Operating Income

Rechenbeispiel

Jahresnettomiete (Ist)	1.188.535,05 €
− nicht umlagefähige Kosten	62.524,41 €
= NOI	1.126.010,64 €

Erläuterung

Der NOI entspricht der Summe aller Einkünfte aus der Vermietung und Verpachtung einer Immobilie abzüglich der nicht umlagefähigen Betriebskosten und entspricht insofern dem Jahresreinertrag der Immobilie. Der NOI ist ein wesentlicher Bestandteil zur Wertermittlung als auch zur Einschätzung des DSCR (Debt Service Coverage Ratio). Bei der Ermittlung des NOI finden Zins und Tilgungszahlungen sowie Steuern keine Berücksichtigung.

Vorteile	Nachteile
• International etablierte Kennzahl • Leichte Ermittlung und einfache Verständlichkeit • »Optimale« Bezugsgröße zur Wertermittlung einer Immobilie	• Trifft keine Aussage über die Qualität der betrachteten Immobilie • NOI basierend auf der Vertragsmiete muss nicht der tatsächlich gezahlten Miete entsprechen (Stichwort: säumige Zahlungen bzw. Mietstundungen o. Ä.) • Kennzahl wird zur »Schönung« einer Immobilie aus Bewertungsgründen bzw. zur Ermittlung eines höheren Verkaufspreises gerne manipuliert

5.21 Estimated Rental Value – ERV

Formel

> Vertragsmiete (auf ein Jahr hochgerechnet)
> + Marktmiete x leerstehende Nutzfläche (Büro) x 12 Monate
> + Marktmiete x leerstehende Nutzfläche (Lager) x 12 Monate
> + Marktmiete x leerstehende Parkplätze (TG, außen) x 12 Monate
> = ERV

Rechenbeispiel

1.188.535,05 €	
+ (9,62 € x 3.523,85 m² x 12 Monate)	= 406.951,56 €
+ (8,00 € x 254,59 m² x 12 Monate)	= 24.440,64 €
+ (53,00 € x 74 Stellplätze x 12 Monate)	= 47.064,00 €
	= 1.666.991,25 €

Erläuterung

Basierend auf aktuellen Marktmieten wird der theoretische Mietwert bei Vollvermietung einer Immobilie ermittelt. Insofern muss der ERV mit den tatsächlichen Mieteinnahmen einer Immobilie nicht identisch sein. In der Praxis wird der ERV üblicherweise als Summe aus Vertragsmiete und dem theoretischen, aus Marktmieten abgeleiteten Ansatz für leerstehende Flächen ermittelt. Liegt die Vertragsmiete (vgl. Seite 43) eines vollvermieteten Gebäudes über bzw. unter Marktniveau, wird der ERV entsprechend abweichen. Wie im Beispiel wird als Marktmiete gern die durchschnittliche Miete je m² Fläche bzw. Stellplatz des Bezugsobjektes verwendet. Dies ersetzt jedoch nicht den Vergleich mit Mietansätzen aus anderen Objekten!

Vorteile	Nachteile
• Kennzahl mit hoher Praxisrelevanz • Leicht verständlich und einfach zu ermitteln • Kann im Vergleich mit der Vertragsmiete Mietsteigerungspotenziale aufzeigen	• Manipulierbar, da die Ermittlung der Marktmiete nicht definiert ist • Alleinstehend wenig aussagefähig • Fehlende Aussage über Vermarktungszeit und -kosten • Je kleiner bzw. intransparenter der betrachtete Markt ist, umso schwieriger wird die nachvollziehbare Ermittlung einer Marktmiete

5.22 Wertsteigerungspotenzial in % des NOI

Formel

$$\frac{ERV - NOI}{NOI}$$

Rechenbeispiel

$$\frac{1.666.991,25\,€ - 1.126.010,64\,€}{1.126.010,64\,€} = 48,04\%$$

Erläuterung

Allgemein bedeutet Wertsteigerungspotenzial die Erhöhung des NOI (vgl. Seite 88) durch aktives Asset Management der Immobilie. Dies kann geschehen durch Vermietung bestehender Leerstände, Neuverhandlung bestehender Mietverträge auf höherem Niveau und/oder längere Vertragsrestlaufzeiten. Günstige Index-Regelungen sind Bestandteil des zu definierenden Wertsteigerungspotenzials. Mittel- bis langfristige Maßnahmen wie die Modernisierung einer Immobilie und anschließende Neuvermietung können ebenfalls durch diese Kennzahl abgebildet werden. In der Regel wird zur Ermittlung des Wertsteigerungspotenzials die aus Marktmieten ermittelte Differenz des ERV und NOI ins Verhältnis zum NOI gesetzt (siehe auch Leerstandsquote bzw. Mietzinsausfallquote)

Vorteile	Nachteile
• Lässt Rückschlüsse auf die Attraktivität einer Immobilie zu • Wichtiger Indikator für die Sinnhaftigkeit einer Investitionsentscheidung • Sehr praxisrelevant und einfach zu ermitteln	• Keine Berücksichtigung von Vermarktungszeit und -kosten • Im ERV bleiben nicht umlagefähige Kosten unberücksichtigt • Aufgrund unterschiedlicher Einschätzung der Marktkonditionen gelangen unterschiedliche Marktteilnehmer zu unterschiedlichen Ergebnissen • Manipulierbarkeit durch Verwendung überhöhter Mietansätze • Kennzahl trifft keine Aussage über die Qualität der betroffenen Flächen

5.23 Fremdkapitalquote

Formel

$$\frac{\text{Summe aller aufgenommene Fremdmittel}}{\text{Investition}} \times 100\,\%$$

Rechenbeispiel

$$\frac{15.633.000\ \text{€}}{18.391.000\ \text{€}} \times 100\,\% = 85\,\%$$

Erläuterung

Die Fremdkapitalquote errechnet sich aus der Summe der zur Finanzierung aufgenommenen Fremdmittel im Verhältnis zur Gesamtinvestition, die sich wiederum aus dem Kaufpreis zzgl. der Erwerbsnebenkosten der erworbenen Immobilie(n) zusammensetzt. Analog zur Eigenkapitalquote (vgl. Seite 94) lässt die Fremdkapitalquote Rückschlüsse auf die finanzielle Stabilität einer Investition zu. Die Entwicklung der Kennzahl sollte immer in Verbindung zum Vermögensbestand betrachtet werden. Sofern hier stille Lasten aufgrund gesunkener Marktwerte vorhanden sind, hat dies einen negativen Effekt auf die Fremdkapitalquote.

Vorteile	Nachteile
• Zeigt den Grad der Fremdfinanzierung auf • Die Höhe der Fremdkapitalquote kann in Abhängigkeit des Lebenszyklus gesehen werden • Die Substanz des Engagements kann der Fremdkapitalquote vergleichend gegenübergestellt werden	• Stichtagsbezogen (jeweils zu Ende der Berichtsperiode) • Stark bewertungsabhängig • Bei einer hohen Fremdkapitalquote gepaart mit einem bevorstehenden Auslauf des Darlehensvertrags kann die Gefahr der Insolvenz bestehen (z. B. durch höhere Kreditzinsen und das Erfordernis erhöhter Tilgung bzw. weiterer Sicherheiten)

5.24 Durchschnittlich gewichtete Restlaufzeit

Formel

$$\frac{\Sigma \text{ (Jahresnettomiete x errechnete Restlaufzeit)}}{\Sigma \text{ Jahresnettomiete (Ist) aller betrachteten Mietverträge}}$$

jedes betrachteten Mietvertrags

Rechenbeispiel

$$\frac{\begin{array}{l}(335.008,30 \text{ € x 112 Monate}) \\ + (341.938,31 \text{ € x 71 Monate}) \\ + (138.626,06 \text{ € x 28 Monate})\end{array}}{890.000,00 \text{ €}} = 73,80 \text{ Monate bzw. 6,15 Jahre}$$

Anmerkung: Das Rechenbeispiel bezieht sich auf die Mieter A, B und C. In der Gesamtjahresmiete von 890.000,00 € ist ein Ansatz von 74.427,33 € für nicht vermietete Flächen enthalten.

Erläuterung

Die durchschnittlich gewichtete Mietvertragsrestlaufzeit spielt beim Verkauf einzelner Immobilien als auch von Portfolien eine wesentliche Rolle. Bei einer großen Anzahl einzelner Mietverträge kann mithilfe dieser Kennzahl ein komplexer Sachverhalt verständlich zusammengefasst werden. Relevant für die Ermittlung der durchschnittlich gewichteten Mietvertragsrestlaufzeit sind (i) die Gesamtjahresmiete der Immobilie bzw. des Portfolios, (ii) die vertragliche Jahresmiete jedes einzelnen Mietvertrages, (iii) das Mietende jedes Vertrages unter Berücksichtigung etwaiger Sonderkündigungsrechte, da einen Geldgeber oder Investor ausschließlich die »sichere« Laufzeit interessieren und (iv) der Bezugszeitpunkt, auf den die Kennzahl sich beziehen soll (z.B. Vertriebsbeginn oder geplanter Tag von Übergang Nutzen und Lasten). Da es sich um Restlaufzeiten handelt, spielt der jeweilige Beginn für diese Kennziffer keine Rolle.

Bei der Ermittlung der durchschnittlich gewichteten Restlaufzeit werden ausschließlich die oberirdischen Mietflächen berücksichtigt; Stellplätze und Archivflächen bleiben außen vor.

5.24 Durchschnittlich gewichtete Restlaufzeit

Durch Einsatz einer Sollmiete für Leerflächen bei der Ermittlung der Gesamt-jahresmiete gelangt man zur gewichteten Restlaufzeit des gesamten Objektes bzw. Portfolios. Wird dies unterlassen, bezieht sich die gewichtete Restlaufzeit lediglich auf die existenten Verträge.

Relevante Mietverträge mit unbestimmter Laufzeit (d. h. ein bestehender Ver-trag, dessen vertraglich vereinbarte Laufzeit vorbei ist, läuft ohne besondere Vereinbarung weiter) werden mit der vereinbarten Kündigungsfrist angesetzt.

Zusammengefasst wird diese Kennzahl wie folgt ermittelt:
- Für jeden Mietvertrag einzeln: Ermittlung der Jahresnettomiete (Ist) und der Restlaufzeit,
- Multiplikation der Jahresnettomiete (Ist) jedes einzelnen Mietvertrags mit der entsprechenden Restlaufzeit in Monaten,
- Addition der so erhaltenen Teilsummen und
- Division dieser Teilsumme durch die Gesamtjahresmiete.

Vorteile	Nachteile
• Etablierte und praxisrelevante Kennzahl • Darstellung komplexer Sach-verhalte in einer Zahl möglich • Je kürzer diese ist, umso eher können möglicherweise bestehende Mietsteigerungs-potenziale realisiert werden	• Relativ aufwändige Ermittlung • Aussagekraft nur in Verbindung mit weiteren Kennzahlen (z. B. Durchschnittliche Vertrags-miete, Bruttoanfangsrendite) • Trifft keine Aussage über Qualität der Einzelmieter

5.25 Eigenkapitalquote

Formel

$$\frac{\text{Summe des eingesetzten Eigenkapitals}}{\text{Investition}} \times 100\%$$

Rechenbeispiel

$$\frac{2.758.650\ \text{€}}{18.391.000\ \text{€}} \times 100\% = 15\%$$

Erläuterung

Das Eigenkapital wird bei der Eigenkapitalquote in Verhältnis zur Gesamt-investition gesetzt. Je mehr Eigenkapital in eine Immobilie investiert wird, desto besser ist in der Regel die Bonität eines Investors, desto höher ist die finanzielle Stabilität und desto unabhängiger ist die Investition von Fremd-kapitalgebern. Da Eigenkapital jedoch teurer ist als Fremdkapital (vgl. auch WACC (Seite 123)), belastet eine hohe Eigenkapitalquote die Rendite auf das eingesetzte Kapital. Mit Tilgungszahlungen im Zeitverlauf steigt i. d. R. die Eigenkapitalquote.

Vorteile	Nachteile
• Zeigt den Grad der Eigenfinan-zierung auf • Stellt Art und Zusammensetzung des Kapitals dar • Dient zur Ermittlung der Ver-schuldung (Fremdkapitalquote) und lässt Rückschlüsse auf die Stabilität einer Immobilien-investition zu	• Stichtagsbezogen (jeweils zum Ende der Berichtsperiode) • Stark bewertungsabhängig • Wertentwicklungen (stille Reserven) schmälern den tat-sächlichen Wert des Eigenkapitals

5.26 Schuldentilgungsdauer

Formel

$$\frac{\text{Fremdkapital}}{\text{NOI}}$$

Rechenbeispiel

$$\frac{15.633.000 \text{ €}}{1.126.010,64 \text{ €}} = 13,88 \text{ bzw. rd. 14 Jahre}$$

Erläuterung

Diese (eher theoretische) Kennzahl drückt aus, in wie viel Jahren das für den Erwerb einer Immobilie aufgenommene Fremdkapital unter Annahme gleichbleibender Erträge zurückgezahlt werden kann. Werden geringe Zeitspannen (< 15 Jahre) ausgewiesen, deutet dies auf eine hohe Ertragskraft und/oder wenig Fremdkapital hin. In diesem Fall sollte unbedingt auf das spezielle Risikoprofil der betrachteten Immobilie geachtet werden. In der Regel wird die Schuldentilgungsdauer allerdings 20 Jahre und länger sein, da Immobilien in Deutschland traditionell (z.B. aus steuerlichen Gründen) mit hohen Fremdkapitalanteilen erworben werden.

Vorteile	Nachteile
• Eine geringe Schuldentilgungsdauer lässt Rückschlüsse auf die Stabilität einer Immobilieninvestition zu • Ertragsverbesserungen können zur Reduzierung des Fremdkapitals und somit einer kürzeren Schuldentilgungsdauer führen • Leicht verständliche Kennzahl mit hoher Praxisrelevanz	• Unrealistische Annahme gleichbleibender Erträge über die Laufzeit der Investition, welche voll in die Schuldentilgung einfließen • Geringes Fremdkapital kann ein Indiz für eine veraltete, schlecht instandgehaltene Immobilie sein • Immobilien mit geringer Eigenkapitalausstattung weisen bei sonst gleicher Ertragskraft immer eine höhere Schuldentilgungsdauer auf

Kapitel 6

Bewertung

6.1 Liegenschaftszinssatz

Formel

$$\frac{\text{Reinertrag}}{\text{Kaufpreis}} \times 100\,\%$$

Rechenbeispiel

$$\frac{1.666.991,25\ \text{€} - 333.398,25\ \text{€}}{17.350.000\ \text{€}} \times 100\,\% = 7,69\,\%$$

Erläuterung

Der Liegenschaftszinssatz ist in § 11 der WertV gesetzlich geregelt und wie folgt definiert:

(1) Der Liegenschaftszinssatz ist der Zinssatz, mit dem der Verkehrswert von Liegenschaften im Durchschnitt marktüblich verzinst wird.

(2) Der Liegenschaftszinssatz ist auf der Grundlage geeigneter Kaufpreise und der ihnen entsprechenden Reinerträge für gleichartig bebaute und genutzte Grundstücke unter Berücksichtigung der Restnutzungsdauer der Gebäude nach den Grundsätzen des Ertragswertverfahrens (§§ 15 bis 20) zu ermitteln.

Einsatz findet der Liegenschaftszins im Gutachterwesen bei der Wertermittlung von Immobilien nach dem Ertragswert (vgl. Seite 110). Bei den Gutachterausschüssen der meisten Städte kann dieser erfragt werden. Die Ermittlung des Liegenschaftszinssatzes erfolgt iterativ auf Basis der Rentenbarwertformel. Als Näherungswert kann allerdings auch mit der oben aufgeführten Formel gearbeitet werden.

Vorteile	Nachteile
• Solide, konservative Kennzahl, die allgemein bekannt ist • Etablierte Kennzahl im Gutachterwesen • Einfache Ermittlung, soweit Reinertrag und Kaufpreis vorliegen • Dient dem Vergleich innerhalb klar abgegrenzter Märkte	• Kennzahl trifft keine Aussage über zukünftige Entwicklung des Objektes, Standortes oder Marktes • Ermittlung nur durch Gutachterausschüsse sinnvoll, da nur diese über entsprechend verlässliche Kaufpreissammlungen verfügen • Komplexe, da iterative Ermittlung auf Basis der umgestellten Formel für das Ertragswertverfahren

6.2   Vervielfältiger

Formel

$$\frac{((1+i)^n - 1)}{((1+i)^n \times i)}$$

i: Liegenschaftszinssatz
n: Restnutzungsdauer in Jahren

bzw. in vereinfachter Form:

$$\frac{\text{Ertragswert bzw. Kaufpreis}}{\text{Reinertrag}}$$

Rechenbeispiel

$$\frac{17.350.000 \ €}{1.333.593 \ €} = 13,01$$

Erläuterung
Diese Kennzahl wird zusammen mit dem Liegenschaftszinssatz (vgl. Seite 99) im Gutachterwesen bei der Ertragswertermittlung eingesetzt. Die Formel zur Ermittlung entspricht der des Rentenbarwertfaktors. Die wesentlichen Einflussgrößen zur Ermittlung des Rentenbarwertfaktors sind der Liegenschaftszinssatz und die Restnutzungsdauer des Gebäudes. Der Vervielfältiger, der teilweise auch Kapitalisierungsfaktor, Ertragsvervielfältiger bzw. Rentenbarwertfaktor genannt wird, stellt die Verbindung zwischen Reinertrag der baulichen Anlage und deren Ertragswert her. Insofern ist der Vervielfältiger mit den vorgenannten Multiplikatoren vergleichbar.

Vorteile	Nachteile
• Leicht ermittelbare und verständliche Kennzahl mit hoher Praxisrelevanz • Etablierte Kennzahl im Gutachterwesen • Indikator dafür, ob eine Immobilie im Vergleich mit anderen Objekten günstig oder teuer ist • Dient dem Vergleich innerhalb klar abgegrenzter Märkte	• Nur mit weiterführenden Informationen, z.B. über Vermietungssituation und Instandhaltungszustand aussagekräftig • Kennzahl kann keine Aussage über zukünftige Entwicklung des Objektes, Standortes oder Marktes treffen • Bisher veröffentlichen nur größere Städte den Liegenschaftszins

6.3   Rohertrag

Formel

> (Nachhaltiger Mietertrag je m² Büro/Monat x Summe Bürofläche in m²
> x 12 Monate)
> + (Nachhaltiger Mietertrag je m² Archiv/Monat x Summe Archivfläche in
> m² x 12 Monate)
> + (Nachhaltiger Mietertrag je Stellplatz/Monat x Summe Stellplätze x 12
> Monate)

Rechenbeispiel

Diese Kennzahl wird empirisch von Marktteilnehmern vor Ort ermittelt. Aus diesem Grund wird hier auf ein Rechenbeispiel verzichtet. Für die weiteren Rechenbeispiele im Kapitel Bewertung wird unterstellt, dass die Jahresnettomiete (Soll) in Höhe von 1.666.991,25 € zzgl. Nebenkosten und MwSt. dem nachhaltigen Ertrag entspricht.

Erläuterung

Dieser aus der Wertermittlung stammende Begriff ist in § 17 der WertV (Wertermittlungsverordnung) wie folgt definiert:
Der Rohertrag umfasst alle bei ordnungsgemäßer Bewirtschaftung und zulässiger Nutzung nachhaltig erzielbaren Einnahmen aus dem Grundstück, insbesondere Mieten und Pachten einschließlich Vergütungen. Umlagen, die zur Deckung von Betriebskosten gezahlt werden, sind nicht zu berücksichtigen. Werden für die Nutzung von Grundstücken oder Teilen eines Grundstücks keine oder vom Üblichen abweichende Entgelte erzielt, sind die bei einer Vermietung oder Verpachtung nachhaltig erzielbaren Einnahmen zugrunde zu legen. Für leerstehende und eigengenutzte Räume sowie für solche, die aus persönlichen oder wirtschaftlichen Gründen billiger vermietet werden, ist ebenfalls die ortsüblich nachhaltig erzielbare Miete anzusetzen. Die Einnahmen für Reklameflächen u. Ä. sind besonders auszuweisen und auszuwerten.

Vorteile	Nachteile
• Wesentliche Kennzahl bei der Ertrags- bzw. Verkehrswertermittlung von Immobilien • Auf- und Abschwungphasen gehen durch die Annahme konstanter Erträge abgemildert in die Bewertung ein.	• Je intransparenter der betrachtete Markt bzw. unkonventioneller die Nutzung der betrachteten Immobilie, umso schwieriger ist die Ermittlung des nachhaltigen Ertrags • Annahme eines auf Dauer konstanten nachhaltigen Ertrags ist unrealistisch

6.4   Reinertrag

Formel

> Rohertrag
> − Bodenwertverzinsungsbetrag
> − Bewirtschaftungskosten
> = Reinertrag

Rechenbeispiel
1.666.991,25 € − 333.398,25 € = 1.333.593 €

Erläuterung
§ 16 der WertV (Wertermittlungsverordnung) definiert den Reinertrag folgendermaßen: Der Reinertrag ergibt sich aus dem Rohertrag (§ 17) abzüglich der Bewirtschaftungskosten (§ 18). Der Reinertrag ist um den Betrag zu vermindern, der sich durch angemessene Verzinsung des Bodenwerts ergibt. Der Verzinsung ist in der Regel der für die Kapitalisierung nach Absatz 3 maßgebende Liegenschaftszinssatz (§ 11) zugrunde zu legen.

Der Reinertrag ergibt sich für Bewertungszwecke somit aus dem Rohertrag als Summe aller Einnahmen abzüglich Bodenwertverzinsungsbetrag und Bewirtschaftungskosten. Bei langen Restnutzungsdauern – wie im obigen Rechenbeispiel – des zu bewertenden Objektes wird auf einen Abzug des Bodenwertverzinsungsbetrags verzichtet. Die sich hieraus in der Regel positive ergebende Differenz ist der Einnahmenüberschuss, der dem Eigentümer zur Verfügung steht, um bestehende Kredite zu bedienen.

Vorteile	Nachteile
• Wesentliche Kennzahl bei der Ertrags- bzw. Verkehrswertermittlung von Immobilien • Auf- und Abschwungphasen gehen durch die Annahme konstanter Erträge abgemildert in die Bewertung ein • Hohe Praxisrelevanz	• Subjektive Ermittlung der nachhaltigen Miete und der Bewirtschaftungskosten lässt Spielraum für Manipulationen • Je intransparenter der betrachtete Markt bzw. unkonventioneller die Nutzung der betrachteten Immobilie, umso schwieriger ist die Ermittlung des nachhaltigen Ertrags • Annahme eines auf Dauer konstanten Ertrags ist unrealistisch

6.5 Nachhaltiger Mietansatz

Formel

> Nachhaltiger Mietertrag je m² Büro / Monat bzw.
> Nachhaltiger Mietertrag je m² Archiv / Monat bzw.
> Nachhaltiger Mietertrag je Stellplatz / Monat

Rechenbeispiel
Diese Kennzahl wird empirisch von Marktteilnehmern vor Ort ermittelt. Aus diesem Grund wird hier auf ein Rechenbeispiel verzichtet. Für die weiteren Rechenbeispiele im Kapitel Bewertung wird unterstellt, dass die Jahresnetto- miete (Soll) in Höhe von 1.666.991,25 € zzgl. Nebenkosten und MwSt. dem nachhaltigen Mietertrag entspricht.

Erläuterung
Da für die gesamte Nutzungsdauer eines Gebäudes die künftigen Mietent- wicklungen nicht vorausgesehen werden können, wird mit der nachhaltigen Miete eine Konstante unterstellt, die die üblicherweise auf Dauer erzielbare Miete wiedergibt. Das heißt, in diese nachhaltige Miete fließen Erwartungen und Markteinschätzungen für eine zukünftige Entwicklung des Objektes bzw. des Standortes mit ein. Sprünge in der Bewertung von Objekten aufgrund von Mietpreisschwankungen sollen somit vermieden werden. Aufgrund der subjek- tiven, teilweise spekulativen Ermittlung dieser Kennzahl trifft dieses Vorgehen immer wieder auf Kritik. Man spricht deshalb vom »nachhaltig erzielbaren Er- trag«, der bezogen auf einen bestimmten Stichtag den »üblicherweise« erziel- baren Reinertrag »auf Dauer« wiedergibt. Es wird also ein konstanter Ertrag unterstellt, an den die tatsächlichen Verhältnisse angepasst werden müssen. Die »nachhaltig erzielbare Miete« muss nicht deckungsgleich mit den aktuellen Mieteinnahmen des Bewertungsobjektes sein.

Vorteile	Nachteile
• Wesentliche Kennzahl bei der Ertrags- bzw. Verkehrswert- ermittlung von Immobilien • Auf- und Abschwungphasen gehen durch die Annahme konstanter Erträge abgemildert in die Bewertung ein	• Subjektive Ermittlung lässt Spielraum für Manipulationen • Je intransparenter der Markt bzw. unkonventioneller die betrachteten Immobilie, umso schwieriger ist die Ermittlung des nachhaltigen Ertrags • Annahme eines auf Dauer konstanten Ertrags ist unrealistisch und bedarf plausibler Erläuterung

6.6   Bewirtschaftungskosten

Formel

$$\frac{\Sigma \text{ Kosten}}{\text{Rohertrag je m}^2 \text{ und Jahr}} \times 100\,\%$$

Rechenbeispiel
vgl. S. 58 / 59

Erläuterung
Unter Bewirtschaftungskosten versteht man in der Bewertungspraxis die bei gewöhnlicher Bewirtschaftung nachhaltig entstehenden Verwaltungskosten, Betriebskosten, Instandhaltungskosten und das Mietausfallwagnis. Betriebskosten, welche durch Umlage auf den/die Mieter gedeckt sind, bleiben unberücksichtigt. Es werden demnach ausschließlich nicht umlagefähige Betriebskosten berücksichtigt. Nicht umlagefähige Bewirtschaftungskosten sind Kosten, die dem Mieter nicht in Rechnung gestellt werden können. Dies sind zum Beispiel: Verwalterkosten (gilt nur bei Wohnimmobilien), Instandhaltungskosten bzw. -rücklage, Modernisierungskosten. Die in Deutschland gängige Praxis, Bewirtschaftungskosten als einen prozentualen Anteil des Grundstücksrohertrags zu berücksichtigen, ist fehleranfällig, da dies einen nicht bestehenden Zusammenhang zwischen der Höhe des Rohertrages und der Höhe der Bewirtschaftungskosten voraussetzt. Man sollte in der Praxis die einzelnen Positionen jeweils jahrgangsbezogen ermitteln und einzeln ausweisen. Zur Ermittlung und Plausibilisierung der anzusetzenden Bewirtschaftungskosten bietet es sich an, auf praxisrelevante Literatur wie z. B. den »Office Service Charge Analysis Report« (OSCAR; www.jll.de) oder die Ergebnisse zu tatsächlich angefallenen Bewirtschaftungskosten der IDP (www.dix.de) zurückzugreifen.

Vorteile	Nachteile
• Höhe und Zusammensetzung der Bewirtschaftungskosten lässt eine Aussage über Gebäudequalität zu • Bei Vergleich mit »OSCAR Office Service Charge Analysis Report« wird Marktpositionierung einer Immobilie ersichtlich • Kostensenkungs- und Wertsteigerungspotenziale werden sichtbar	• Trifft lediglich eine kalkulatorische Aussage über die Kostensituation einer Immobilie • Kann im Zeitablauf stark schwanken • Alleinstehend wenig aussagekräftig

6.7   All Risks Yield – ARY

Formel

$$\frac{\text{Jahresreinertrag der (vollvermieteten) Immobilie zum Erwerbszeitpunkt}}{\text{Kaufpreis}} \times 100\%$$

Rechenbeispiel

$$\frac{1.188.535,05 \, \text{€}}{17.350.000 \, \text{€}} \times 100\% = 6,85\%$$

Erläuterung

Die Kennzahl ARY (Rendite unter Berücksichtigung aller Risiken) beinhaltet implizit alle Chancen und Risiken, die bei einer Immobilieninvestition auftreten können. Sie wird aus aktuellen Immobilientransaktionen abgeleitet. Bei Kenntnis der Transaktionsdaten erfolgt die Ermittlung durch Division des Jahresreinertrags zum Zeitpunkt der Erwerbs durch den Kaufpreis. Insofern besteht hier eine Vergleichbarkeit des ARY mit dem Liegenschaftszinssatz. Alternativ kann die ARY aus einer Basisrendite zuzüglich Risikozuschlag abgeleitet werden. Die Basisrendite ist normalerweise die durch aktuelle Markttransaktionen beweisbare oder durch Gespür und Erfahrung des Gutachters vermutlich erzielbare Rendite für eine neu vermietete, erstklassige Immobilie in bester Lage der betrachteten Stadt, die eine identische Nutzung aufweist. Diese Rendite wird nicht nur durch den Immobilienmarkt, sondern auch durch den Kapitalmarkt bestimmt, so dass sie Schwankungen ausgesetzt wird. Die Risikozuschläge betragen in der Regel zwischen ca. 0,25% und 2% für Faktoren wie z. B. Eigentumseinschränkung, Mikromarkt- und Objektrisiken, Mietvertragslaufzeiten oder Bonität der Mieter.

Vorteile	Nachteile
• International anerkannte Kennzahl • Einfache Ermittlung, soweit Jahres nettomiete und Kaufpreis vorliegen • Bei einer Restnutzungsdauer von mehr als 50 Jahren entspricht die ARY in etwa dem Liegenschaftszinssatz	• Um eine aussagefähige ARY zu erhalten, muss eine ausreichende Anzahl von Vergleichstransaktionen vorliegen • Trifft lediglich eine Aussage über die Rendite zum Erwerbszeitpunkt • Wachstumsaspekte werden nicht explizit berücksichtigt

6.8 Net Initial Yield

Formel

$$\frac{\text{Jahresreinertrag der Immobilie zum Erwerbszeitpunkt}}{\text{Investition}} \times 100\,\%$$

Rechenbeispiel

$$\frac{1.126.010,64\ €}{18.391.000\ €} \times 100\,\% = 6,1\,\%$$

Erläuterung

Analog zur deutschen Nettoanfangsrendite (vgl. Seite 69) stellt die Kennzahl Net Initial Yield das Verhältnis aus anfänglichem Reinertrag und Investition dar. Sie kann sowohl für eine voll zu Marktniveau bzw. unter oder über Marktniveau vermietete Immobilie errechnet werden. Zur Unterscheidung wird die Net Initital Yield für eine voll- und zu Marktniveau vermietete Immobilie auch All Risks Yield (vgl. Seite 105) oder Rendite unter Berücksichtigung aller Risiken genannt.

Vorteile	Nachteile
• International etablierte und anerkannte Kennzahl • Einfache Ermittlung, soweit Jahresnettomiete und Daten zur Transaktion vorliegen • Dient dem Vergleich innerhalb klar abgegrenzter Märkte	• Kennzahl trifft keine Aussage über Qualität der Investition in Bezug auf z. B. Lage, Mieter, Mietniveau • Trifft lediglich eine Aussage über die Rendite zum Erwerbszeitpunkt • Wachstumsaspekte werden nicht explizit berücksichtigt

6.9 Current Yield

Formel

$$\frac{\text{Gegenwärtiger Jahresreinertrag der Immobilie}}{\text{Investition}} \times 100\,\%$$

Rechenbeispiel

$$t_5: \quad \frac{1.666.991,25\ \text{€}}{18.391.000\ \text{€}} \times 100\,\% = 9,06\,\%$$

Erläuterung

Ähnlich wie die Net Initial Yield (vgl. Seite 106) stellt diese Kennzahl das Verhältnis aus gegenwärtigem Reinertrag und Investition dar. Sie kann sowohl für eine voll zu Marktniveau bzw. unter oder über Marktniveau vermietete Immobilie errechnet werden. Im Jahr des Erwerbs der Immobilie entspricht die Current Yield der Initial Yield. Werden die in der Gross Reversionary Yield (vgl. Seite 109) zum Ausdruck gebrachten Zukunftserwartungen an die Mietentwicklung in die Tat umgesetzt, so wird aus der Gross Reversionary Yield die Current Yield. Diese Annahme ist auch die Grundlage für das Rechenbeispiel.

Vorteile	Nachteile
• International etablierte und anerkannte Kennzahl • Einfache Ermittlung, soweit Jahres nettomiete und Daten zur Transaktion vorliegen • Kann im Vergleich mit historischen Current Yields der Bezugsimmobilie das Wachstum bzw. die Entwicklung der Wirtschaftlichkeit der Immobilie aufzeigen	• Kennzahl trifft keine Aussage über Qualität der Investition in Bezug auf z. B. Lage, Mieter, Mietniveau • Trifft eine Aussage über die Rendite zum jeweiligen Bezugszeitpunkt und kann insofern nur vom Eigentümer bzw. dessen Beratern ermittelt werden • Wachstumsaspekte werden nicht explizit berücksichtigt

6.10 Equivalent Yield

Formel

$$K_0 = \sum_{t=0}^{n} \frac{e_t}{(1+r)^t} = 0$$

Rechenbeispiel

Es liegt folgende Cashflow-Reihe (unter Berücksichtigung aller Kosten) zugrunde:

t_0:	− 2.758.650,00 €
t_1:	316.946,93 €
t_2:	451.871,58 €
t_3:	582.250,89 €
t_4:	685.597,43 €
t_5:	9.361.796,44 €
	(inkl. Veräußerung)

Equivalent Yield (bezogen auf das EK): 37,87 %

Erläuterung

Die Equivalent Yield entspricht – wie der sog. Equated Yield – dem internen Zinsfuss (vgl. Seite 76), bei dem allerdings ein mögliches Mietwachstum nicht direkt im Zahlungsstrom zukünftiger Mieteinnahmen berücksichtigt wird. Vielmehr wird bei der Equivalent Yield ein bestehendes Wachstumspotenzial über eine niedrigere Anfangsrendite indirekt berücksichtigt. Der interne Zinsfuß ist somit ein Oberbegriff für diese beiden Kennzahlen und stellt die Rate dar, zu der alle zukünftigen Erträge diskontiert werden. Die Summe aller dieser diskontierten Erträge ergibt den auf Basis subjektiver Zukunftserwartungen ermittelten vertretbaren Kaufpreis.

Vorteile	Nachteile
• Implizite Annahme von Wachstumskomponenten – deshalb auch »Growth Yield« genannt • Einfache Vergleichbarkeit mit unterschiedlichen Investitionsalternativen • International etablierte Kennzahl	• Indirekte Berücksichtigung des Kapitalwertwachstums • Komplexes Rechenmodell • Manipulierbarkeit z. B. bei der Ermittlung der Anfangsrendite

6.11   Gross Reversionary Yield

Formel

$$\frac{\text{Mieteinkommen der Anpassungsperiode}}{\text{Kaufpreis}} \times 100\,\%$$

Rechenbeispiel

$$t_5: \quad \frac{1.666.991,25\,\text{€}}{18.391.000\,\text{€}} \times 100\,\% = 9,06\,\%$$

Erläuterung

Die Gross Reversionary Yield (Anpassungsrendite) ergibt sich aus der Miet-einnahme der Anpassungsperiode und dem Kaufpreis. Sie ist die Kapitalisierungsrate für die nach der zuletzt erfolgten Mietanpassung vertraglich vereinbarten Miete pro Jahr. In der Praxis wird diese Kennzahl z.B. aufgrund kurzlaufender Mietvertragsrestlaufzeiten, gekündigter Mietverträge und damit einhergehender Anpassungen bei den Mieteinnahmen starken Schwankungen im Zeitablauf unterliegen. Zur Ermittlung der Gross Reversionary Yield wird die auf ein Jahr hochgerechnete Marktmiete herangezogen. Kosten wie zum Beispiel für die Zahlung von Mieterincentives, Maklergebühren und die möglicherweise erforderliche Renovierung von Flächen werden nicht berücksichtigt. Für das Rechenbeispiel wird unterstellt, dass die Jahresnettomiete (Soll) im fünften Jahr vollständig erreicht wird.

Vorteile	Nachteile
• Ermöglicht periodengenaue Betrachtung der Renditeentwicklung • Dynamische Kennzahl der Immobilienbewertung • Wachstumsaspekte werden explizit berücksichtigt • International etablierte Kennzahl mit hoher Praxisrelevanz	• Besitzt Aussagekraft nur in Zusammenhang mit weiteren Informationen wie z.B. Annahmen zu Marktmiete, Vermarktungsdauer und -kosten • Subjektive Ermittlung der dieser Kennzahl zugrunde liegenden Annahmen lässt Spielraum für Manipulationen • Unterliegt Schwankungen im Zeitablauf

6.12 Ertragswertverfahren

Formel

Rohertrag
– Bewirtschaftungskosten (20 %)
= Grundstücksreinertrag (RE)
– Bodenwertverzinsung
= Gebäudereinertrag
x Vervielfältiger (V)
= Gebäudeertragswert
± Sonstige wertbeeinflussende Umstände
+ Bodenwert (BW)
= Ertragswert

Verkürztes Ertragswertverfahren bei Immobilien mit langer Restnutzungsdauer: EW = RE x V

Rechenbeispiel
Grundstücksreinertrag RE x Vervielfältiger V bzw. 1.333.593 € x 13,01
= 17.350.000 €

Erläuterung
Mit dem Ertragswertverfahren wird der Wert von Renditeobjekten durch Berechnung der kapitalisierten Erträge, welche voraussichtlich erwirtschaftet werden, ermittelt. Gemäß § 15 WertV ist bei Anwendung des Ertragswertverfahrens der Wert der baulichen Anlagen, insbesondere der Gebäude, getrennt von dem Bodenwert auf der Grundlage des Ertrags nach den §§ 16 bis 19 WertV zu ermitteln. Der Bodenwert ist in der Regel nach dem Vergleichswertverfahren zu ermitteln. Bei der Ermittlung des Ertragswerts der baulichen Anlagen wird ein nachhaltig erzielbarer, jährlichen Reinertrag unterstellt, der sich an den tatsächlichen Verhältnissen orientieren sollte. Nach Bestimmung des Reinertrags ist dieser um den Betrag einer angemessenen Bodenwertverzinsung auf Basis des Liegenschaftszinssatzes zu mindern. Zur Ermittlung des Gebäudeertragswertes ist der um den Bodenwertverzinsungsbetrag geminderte Reinertrag mit dem Vervielfältiger zu multiplizieren. Dieser ergibt sich aus der Rentenbarwertformel unter Zuhilfenahme der wirtschaftlichen Restnutzungsdauer der baulichen Anlagen und dem Liegenschaftszinssatz. Die Summe aus Bodenwert und Gebäudeertragswert ergeben den Ertragswert des Grundstückes.

6.12 Ertragswertverfahren

Vorteile	Nachteile
• Etablierte und anerkannte Bewertungsmethode • Hohe Praxisrelevanz • Normiertes Bewertungsverfahren nach WertV (Wertermittlungsverordnung)	• Manipulierbarkeit, da der für die Bewertung erforderliche Liegenschaftszinssatz nicht von allen Städten ermittelt wird • Ermittlung der nachhaltigen Miete lässt ebenfalls Spielraum für Interpretation • Die gesetzliche vorgegebene Trennung von Grund und Boden ist realitätsfremd • Im Unterschied zu internationalen Bewertungsstandards keine Berücksichtigung der Transaktionskosten

6.13 Bodenrichtwert

Formel

$$\frac{\text{Summe aller registrierten Grundstückskaufpreise}}{\text{eines klar definierten Zeitraums und Gebietes}}{\text{Quadratmeter-Summe dieser Verkäufe}}$$

Rechenbeispiel

Diese Kennzahl wird empirisch von Marktteilnehmern vor Ort (über den jeweiligen Gutachterausschuss) ermittelt. Aus diesem Grund wird hier auf ein Rechenbeispiel verzichtet.

Erläuterung

Der Bodenrichtwert ist ein durchschnittlicher Lagewert, ermittelt aus den Kaufpreisen von bebauten und unbebauten Grundstücken unter Berücksichtigung ihres Entwicklungszustandes. Der Bodenrichtwert für Bauland wird in der Regel alle zwei Jahre zu einem festen Stichtag ermittelt. Er ist sehr bedeutsam für die Besteuerung von Grund und Boden in Deutschland. Bodenrichtwerte werden im Rahmen der Wertermittlung von Immobilien hilfsweise herangezogen, um den Bodenwert zu bestimmen, wenn er sich nicht im Vergleichswertverfahren aus Kaufpreisen ermitteln lässt. Grundlage hierfür sind die amtlichen Kaufpreissammlungen, welche von den Gutachterausschüssen geführt werden. Da der Bodenrichtwert nur ein Durchschnittswert aus einer Vielzahl von Transaktionen ist, muss der Wert anhand der Besonderheiten des Bewertungsobjektes geschätzt werden. Die Ermittlung der Bodenrichtwerte erfolgt gem. § 193 BauGB durch die Gutachterausschüsse. In den jeweiligen Geschäftsstellen der Gutachterausschüsse kann jeder Interessierte Auskunft über die Bodenrichtwerte verlangen.

Vorteile	Nachteile
• Hohe Praxisrelevanz bei der Bewertung von Immobilien in Deutschland • Höhe des Bodenrichtwertes gibt Hinweis auf Lagequalität und -attraktivität • Erlaubt den Vergleich vergleichbarer Lagen an unterschiedlichen Standorten miteinander	• Mangels ausreichender Zahl an registrierten Kaufpreisen wird der Bodenrichtwert regelmäßig geschätzt bzw. fortgeschrieben • Internationale Bewertungsverfahren kennen die Trennung von Gebäude und Boden nicht

6.14 Kapitalisierungszinssatz

Formel

> Risikoloser Zins
> + Risikoprämie
> = Kapitalisierungszinssatz

Rechenbeispiel

   4,3 % (für eine 5-jährige Laufzeit)
+ 3,7 %
= 8 %

Erläuterung

Der Kapitalisierungszinssatz stellt die Mindestverzinsungsanforderung eines Investors dar. Er hängt ab von dessen subjektiven Empfindungen und orientiert sich maßgeblich am Risiko und der geplanten Laufzeit der Investition sowie an den für die Investition verfügbaren Finanzierungskonditionen. Wird die Finanzierung als Mischfinanzierung aus Eigenkapital und Fremdkapital angestrebt, bietet es sich an, den Kalkulationszinssatz als gewichtetes Mittel zu ermitteln. In der Praxis wird häufig auch bei Mischfinanzierung der Zinssatz für sichere Anlagen des Kapitalmarktes als Basiszins herangezogen. In allen Fällen ist für das eingegangene Risiko ein entsprechender Aufschlag zu berücksichtigen. Diese Risikoprämie (vgl. Seite 125) ist objektspezifisch zu ermitteln und deshalb abhängig von Nutzungstyp, Lage, Baualter und -qualität sowie Vermietungs- bzw. Marktsituation.

Vorteile	Nachteile
• Transparente Ermittlung • Stellt eine Mindestrendite für die geplante Immobilieninvestition dar • International etablierte Kennzahl mit hoher Praxisrelevanz	• Rein subjektive Ermittlung • Der Risikozuschlag, der das mit der jeweiligen Investition verbundene Risiko erfassen soll, ist nicht objektiv quantifizierbar • Implizite Annahme, dass die Einnahmeüberschüsse zum Kalkulationszinsfuß angelegt werden können, ist nicht immer realisierbar • Kann im Zeitablauf stark schwanken

6.15 Investment Method

Formel

Term: Kapitalisierung über die verbleibende Restlaufzeit des Miet-
          vertrags durch Multiplikation des NOI mit dem Rentenbar-
          wertfaktor
Reversion: Division des erwarteten NOI mit dem Kapitalisierungszins
          (Abzinsung des so ermittelten Wertes über die Restlaufzeit
          des Mietvertrags)

Die Summe aus A und B abzüglich Erwerbsnebenkosten (GESt., Notar,
Makler) ergibt die Kaufpreisschätzung nach dem »Term & Reversion«-
Verfahren

Rechenbeispiel

Projekt: Büropark / »Term & Reversion«-Kalkulation für Mietvertrag A:

Kalkulation 1 »Term«			
Nutzung	**Fläche**	**derzeitige Miete € /m²/Mon.**	**Summe**
Bürofläche	3.335 m²	8,00 €	26.683,76 €
Archiv	413 m²	2,44 €	1.008,60 €
Parken	15 Plätze	15,00 €	225,00 €
Parken	13 Plätze	0,00 €	0,00 €
		Monatsrohmiete	27.917,36 €
		Jahresrohertrag	335.008,30 €
Abzgl. Rep. (Rücklage)	3.335 m²	**à 2,00 €/m²/Jahr**	6.670,94 €
Abzgl. Verwaltung		**à 3,00 %**	10.050,25 €
			16.721,19 €
		entspricht	4,99 %
		Jahresreinertrag	318.287,11 €
Kapitalisiert zur All Risk Yield (ARY)		6,85 %	
über einen Zeitraum von		9,3 Jahre	6,7327
		Zwischensumme 1	**2.142.919,73 €**

6.15 Investment Method

Kalkulation 2 - »Reversion«

Nutzung	Fläche	Marktmiete €/m²/Mon.	Summe
Bürofläche	3.335 m²	10,00 €	33.354,70 €
Archiv	413 m²	2,50 €	1.033,40 €
Parken	15 Plätze	15,00 €	225,00 €
Parken	13 Plätze	15,00 €	195,00 €
		Monatsrohmiete	34.808,10 €
		Jahresrohertrag	417.697,20 €
Abzgl. Rep. (Rücklage)	3.335 m²	à 2,00 €/m²/Jahr	6.670,94 €
Abzgl. Verwaltung		à 3,00 %	12.530,92 €
			19.201,86 €
		entspricht	4,60 %
		Jahresreinertrag	398.495,34 €
Kapitalisiert als ewige Rente à		7,10 %	14,08
Ewige Rente entspricht ARY zzgl.		0,25 %	
		=	5.612.610,48 €
Abgezinst 9,3 Jahre à		7,10 %	0,53
		Zwischensumme 2	2.958.896,96 €
		Zwischensumme 1 + 2	**5.101.816,69 €**
Abzgl. sofortige Investitionen I	3.335,47 m²	à 0,00 €/m²	0,00 €
Abzgl. sofortige Investitionen II		0,00 €	0,00 €
		Summe	5.101.816,69 €
Abzgl. Erwerbskosten: Grunderwerbsteuer :		3,50 %	166.105,66 €
Notar :		1,00 %	47.458,76 €
Makler :		3,00 %	142.376,28 €
		Summe Erwerbsnebenkosten:	355.940,70 €
			4.745.875,99 €
		geschätzter Kaufpreis, rund	**4,7 Mio. €**

6.15   Investment Method

Erläuterung

Mit der international gebräuchlichen Investment Method werden – analog zu dem in Deutschland angewandten Ertragswertverfahren – Immobilien bewertet, bei denen der Renditeaspekt im Vordergrund steht. Es werden folgende Vorgehensweisen unterschieden:

- *Rack-Rent-Verfahren*: Die tatsächlich eingehenden Mieten entsprechen i. d. R. den Marktmieten (Full Rental Value) und werden auf ewig kapitalisiert (Division der Miete durch den Kapitalisierungszins bzw. 100 / Zinssatz);

- *»Term & Reversion«-Verfahren*: Hier werden zunächst die tatsächlich eingehenden Mieten bis zum nächsten Mietfestlegungstermin (Rent Review) kapitalisiert (Term). Im Anschluss daran wird die Marktmiete (aus heutiger Sicht) auf ewig kapitalisiert und für den Zeitraum bis zur Vereinbarung der neuen Miete abgezinst (Reversion);

- *Topslice-Hardcore-Verfahren*: Bei diesem Verfahren wird zunächst die eingehende Miete auf ewig kapitalisiert (Hardcore) und danach die Differenz zwischen Marktmiete und bezahlter Miete (Top Slice) für den Zeitraum der erhöhten Miete kapitalisiert und zum »Hardcore« addiert bzw. abgezogen. Sogenannte »overrented« Immobilien (Objekte mit einer über der Marktmiete liegenden derzeitigen Miete) können damit marktgerecht bewertet werden.

Ein wesentlicher Unterschied zum Ertragswertverfahren (vgl. Seite 110) liegt in der Wahl des Kapitalisierungsfaktors: Dieser wird bei der Investment Method nicht nur von Immobilien-Vergleichstransaktionen beeinflusst, sondern auch vom Kapitalanlagemarkt, wo alternative Anlageformen wie z. B. Staatsanleihen gehandelt werden. Renditen für solche Anlageformen variieren je nach Risiko, das heißt, je höher das mit einer Anlage verbundene Risiko, desto höher ist die vom Investor erwartete Rendite und umgekehrt. Da diese Renditen sich regelmäßig an Marktgegebenheiten anpassen, wechselt somit auch deren Attraktivität. Immobilien stehen im Wettbewerb zu diesen Anlagealternativen und müssen sich deshalb dem Renditevergleich stellen, was sich im Kapitalisierungsfaktor widerspiegeln sollte.

Im Rechenbeispiel wird das »Term & Reversion«-Verfahren angewandt und aus Gründen der Verständlichkeit lediglich Mietvertrag A bewertet. Die Summe aller auf diese Weise ermittelten Einzelwerte ergibt den Wert der Immobilie. Die für die Berechnung erforderliche Rentenbartwertformel entspricht der des Vervielfältigers (vgl. Seite 100).

6.15   Investment Method

Vorteile	Nachteile
• International anerkannte und etablierte Bewertungsmethode • Transparente Darstellung der Annahmen zur zukünftigen Ertragsentwicklung • Vermietungssituationen über bzw. unter Marktniveau können je Mietvertrag ausgewiesen werden • Explizite Berücksichtigung der Transaktionskosten • Im Unterschied zum Ertragswertverfahren in Deutschland keine Trennung von Grund und Boden	• Manipulierbarkeit, da der für die Bewertung erforderliche Kapitalisierungszinssatz nur subjektiv ermittelbar ist • Ermittlung der Marktmiete lässt ebenfalls Interpretationsspielraum zu und ist in intransparenten Märkten nur schwer möglich • Statische Methode zur Immobilienbewertung

6.16   Present Value – PV

Formel

Barwert des Betrages Z, der m-mal im Jahr auf unbeschränkte Dauer zufließt (r = Zinssatz):

$$PV\,(Z) = \frac{Zm}{r}$$

Rechenbeispiel

$$\frac{1.188.535,05 \,\text{€}}{6,25\,\%} = 19.016.560,80 \,\text{€}$$

Erläuterung

Der Barwert (Present Value) stellt den heutigen Wert einer zukünftig anfallenden Einmalzahlung bzw. Zahlungsreihe dar. Somit stellt der Barwert die Summe aller zukünftig erwarteten Zahlungen zum Beginn der Laufzeit (zum Zeitpunkt 0) dar. Mit dem Barwert ist es möglich, bei gleichbleibendem Zinssatz und jährlichen Zahlungen die Höhe der Investition zum heutigen Zeitpunkt zu bestimmen. Somit können verschiedene Investitionen mit unterschiedlichen Laufzeiten und Zinssätzen miteinander verglichen werden. Je später die Zahlungen anfallen, desto geringer fällt der entsprechende Barwert aus.

Im Rechenbeispiel wird aus Vereinfachungsgründen eine konstante Zahlungsreihe unterstellt. In der Realität wird sich diese z. B. durch Vermietung leerstehender bzw. Freiwerden vermieteter Flächen oder geänderte Finanzierungskonditionen jährlich unterscheiden. In diesem Fall muss der Barwert jedes Jahres einzeln ermittelt werden. Die Summe aller Barwerte während des Berechnungszeitraumes entspricht dann dem heutigen Wert der Immobilie.

In der Praxis stellt der Barwert eine wichtige Kennzahl zur Ermittlung des Net Present Value dar: Zu diesem gelangt man, indem von der Summe aller Barwerte die Anfangsinvestition abgezogen wird.

6.16   Present Value – PV

Für das Rechenbeispiel wird unterstellt, dass sich die Jahresnettomiete (Ist)nicht verändert, im Zeitablauf also konstant bleibt (ewige Rente). Zur Abzinsung wird hilfsweise der Mittelwert der Nettoanfangsrendite Büro, zentrale bzw. dezentrale Lage verwendet, wobei hiervon aufgrund des hohen Mietsteigerungspotenzials ein Basispunkt abgezogen wird. Somit beträgt der Zinssatz 6,25%.

Vorteile	Nachteile
• Möglichkeit, unterschiedliche Investitionsalternativen zu vergleichen • Zukünftige Wertentwicklung (z.B. durch aktives Asset Management) findet Berücksichtigung • International anerkannte Methode	• Prognose der zukünftigen Zahlungen ist in der Regel sehr komplex und daher schwierig • »Blick in die Glaskugel« lässt Manipulationen zu • Diskontierungszins nicht eindeutig definiert, daher starke Schwankungen möglich

6.17 Discounted-Cashflow-Methode – DCF

Formel

$$\sum_{t=1}^{n} \frac{\text{Cashflow}_t}{(1 + i)^t} + \frac{\text{Restwert}_n}{(1 + i)^n}$$

Rechenbeispiel

$$\frac{1.126.010,64\ €}{(1 + 0,0518)} + \frac{1.125.487,24\ €}{(1 + 0,0518)^2} + \frac{1.314.830,45\ €}{(1 + 0,0518)^3} + \frac{1.504.248,44\ €}{(1 + 0,0518)^4}$$

$$+ \frac{1.666.991,25\ €}{(1 + 0,0518)^5} + \frac{\dfrac{1.666.991,25\ €}{0,08}}{(1 + 0,0518)^5}$$

$$= 5.741.985,87\ € + 16.187.415\ € = 21.929.400,87\ €$$

Erläuterung

Diese barwertorientierte Bewertungsmethode zinst künftig erwartete Zahlungsmittelüberschüsse eines Objekts auf den Bewertungsstichtag ab. Über eine Periode von z. B. zehn Jahren werden die jährlichen Einzahlungsüberschüsse (NOI (vgl. Seite 88)) aus dem jeweiligen Objekt ermittelt und abgezinst.

Die DCF-Methode gliedert sich in diesem Zusammenhang in zwei Phasen, da die wirtschaftliche Entwicklung einer Immobilie bzw. deren Prognosen mit zunehmendem Zeithorizont unsicherer und risikoträchtiger werden. Die erste Phase des DCF ist der Prognosezeitraum, der für die ersten 10 bis 15 Jahre die vertraglich vereinbarten bzw. erwarteten Einnahmen und Ausgaben modelliert. Für den Zeitraum nach dieser Prognose wird ein Restwert des Grundstücks in der Regel geschätzt oder über Ertragswertberechnungen ermittelt. Eine Schwäche des DCF im Rahmen der Ermittlung des Marktwertes (Verkehrswert) von Immobilien ist der Mangel an allgemein anerkannten Verfahrensregeln (wie

6.17 Discounted-Cashflow-Methode – DCF

z. B. die WertV), die im Rahmen der Verkehrswertermittlung genutzt werden können. Dies betrifft sowohl den Ansatz von Kapitalisierungs- und Diskontierungszins als auch die Prognosen selbst. Während z. B. das Ertragswertverfahren Liegenschaftszinssätze zur Kapitalisierung der Erträge vorgibt, beruht der Ansatz von Kapitalisierungs- und Diskontierungszins stark auf der Einschätzung des Anwenders des Verfahrens.

Vorteile	Nachteile
• Vergleichbarkeit unterschiedlichster Kapitalanlagen untereinander • Etabliertes und praxisrelevantes Wertermittlungsinstrument • Periodengenauigkeit der Zahlungsströme • Transparente Darstellung einzelner Mietverträge • Möglichkeit, sich frühzeitig mit Werttreibern bzw. -vernichtern auseinanderzusetzen, ermöglicht zukunftsgerichtete Bewirtschaftung • Sanierungs-, Umnutzungs- und Entwicklungsprojekte können auf ihre Wirtschaftlichkeit überprüft werden	• Hinsichtlich der Höhe und des zeitlichen Anfalls der Ein- und Auszahlungen müssen explizite Annahmen getroffen werden, welche nicht immer leicht zu beziffern sind • Eine vertiefte Auseinandersetzung und Anwendung der Methode setzt ein hohes Maß an baulichen Kenntnissen und betriebswirtschaftlichem Wissen voraus • Manipulierbarkeit: Qualität des Ergebnisses ist abhängig von der Qualität der zugrunde liegenden Annahmen z. B. bei der Schätzung zukünftiger Cashflows • Fehlende allgemein akzeptierte Kriterien zur Bestimmung des Diskontierungssatzes

6.18   Net Present Value – NPV

Formel

Present Value – Anfangsinvestition

Rechenbeispiel

19.016.560,80 € – 18.391.000 € = 652.560,80 €

Erläuterung

Mit dem Net Present Value wird die Summe aller zu ausgewählten Diskontierungszinssätzen auf einen bestimmten Bewertungsstichtag abgezinsten Cashflows abzüglich der Anfangsinvestition wiedergegeben. Unabhängig vom Betrachtungszeitraum (üblicherweise 5 bzw. 10 Jahre) werden demnach sämtliche Zahlungsströme nach dem DCF-Verfahren (vgl. Seite 120) auf den Bezugszeitpunkt abgezinst. Er repräsentiert somit den Wert zukünftiger Ein- und Auszahlungen zum heutigen Zeitpunkt, wobei die Werte während der Laufzeit nicht konstant sein müssen. Der Net Present Value ist ein wichtiger Anknüpfungspunkt bei der Analyse mit der DCF-Methode. Generell gilt unter rational handelnden Investoren, dass ein Projekt realisiert werden sollte, wenn es einen positiven Nettobarwert aufweist und somit einen positiven Wertbeitrag generiert.

Vorteile	Nachteile
• Möglichkeit, unterschiedliche Investitionsalternativen zu vergleichen • Unterschiedliche Zahlungsströme in der Zukunft und somit die Wertentwicklung der Immobilie können berücksichtigt werden • International anerkannte Methode	• Prognose der zukünftigen Zahlungen ist in der Regel sehr komplex und daher schwierig • »Blick in die Glaskugel« lässt Manipulationen zu • Diskontierungszins nicht eindeutig definiert, daher starke Schwankungen im Immobilienwert möglich

6.19   Weighted Average Cost of Capital – WACC

Formel

$$\left(\frac{\text{Eigenkapital}}{\text{Gesamtkapital}} \times \text{Eigenkapitalkosten} \right)$$

$$+ \left(\frac{\text{Fremdkapital}}{\text{Gesamtkapital}} \times \text{Fremdkapitalkosten} \right)$$

Rechenbeispiel

$$\left(\frac{2.758.650\ \text{€}}{18.391.000\ \text{€}} \times 9,00\,\% \right)$$

$$+ \left(\frac{15.633.000\ \text{€}}{18.391.000\ \text{€}} \times 4,5\,\% \right) = 5,18\,\%$$

Erläuterung

Der gewichtete Kapitalkostensatz WACC ist der am Kapitalmarkt meist verbreitete Abzinsungsfaktor. Für die richtige Gewichtung der Kapitalkosten wird üblicherweise das zinstragende Fremdkapital und das Eigenkapital verwendet. Im DCF-Verfahren (vgl. Seite 120) hat der WACC wesentlichen Einfluss. Gewöhnlich liegt der Kapitalkostensatz WACC zwischen 5 % und 10 %. Die Zielsetzung eines Investors sollte stets sein, auf das investierte Kapital eine Rendite zu erwirtschaften, die den WACC übersteigt. Die Eigenkapitalkosten können als Renditeerwartung des Investors aus Kapitalmarktinformationen abgeleitet werden, sind allerdings im Allgemeinen subjektiv ermittelte Werte. Als Fremdkapitalkosten dient der Fremdkapitalzins der Investition (alternativ: die Finanzierungskonditionen einer zehnjährigen Unternehmensanleihe).

Vorteile	Nachteile
• Dient als Abzinsungsfaktor für die Bewertung • Stellt eine Mindestrendite auf das investierte Kapital dar • Erlaubt den Vergleich mit anderen Investitionsalternativen	• Vergangenheitsorientierte Kennzahl • Keine einheitliche Berechnung • Häufig manipulierte Kennzahl

6.20 Diskontierungsfaktor

Formel

$$\frac{1}{(1+\text{WACC})^n}$$

Rechenbeispiel

$$\frac{1}{(1 + 0{,}0518)^5} = 0{,}7768$$

Erläuterung

Mit dem Diskontierungszinssatz werden in der Zukunft liegende Cashflows einer Betrachtungsperiode auf den Bewertungsstichtag abgezinst. Er spielt in der Immobilienbewertung insbesondere beim Discounted-Cashflow-Verfahren (vgl. Seite 120) eine wesentliche Rolle. Generell entspricht der angemessene Diskontierungszinssatz dem Opportunitätszins für eine Alternativanlage. In der Regel wird der Diskontierungszinssatz von Gutachtern auf Basis langfristiger Anleihezinssätze (z. B. Umlaufrenditen der öffentlichen Hand) mit einem Aufschlag für spezifische Immobilienrisiken ermittelt. Langfristig wird von einem risikolosen Zinssatz zwischen 4 % und 7 % ausgegangen. Der Aufschlag für das Marktrisiko unterliegt je nach Immobilientyp und -qualität, Marktsituation und Lage (makro, mikro) Schwankungen. In der Regel liegen diese zwischen 0,5 % und 3 %. Da es noch an verlässlichen Erfahrungswerten für dessen Ermittlung mangelt, wird der Diskontierungszinssatz sehr kontrovers diskutiert. Eine weitere Möglichkeit ist die Verwendung der gewichteten Kapitalkosten (siehe WACC, Seite 123).

Vorteile	Nachteile
• Ermöglicht, den zukünftigen Wert einer Zahlung als Barwert darzustellen • Wichtige Kennzahl, um Immobilien miteinander vergleichen zu können • In der Bewertungspraxis etablierte Kennzahl	• Keine verbindlichen Richtlinien zur Ermittlung des Diskontierungszinssatzes, bietet daher Spielraum für Manipulation • Ein häufiger Fehler ist die unreflektierte Verwendung des Kapitalisierungszinssatzes als Diskontierungszins, was regelmäßig zu einer Überbewertung der betroffenen Immobilie führt

6.21   Risikoprämie

Formel

> Eigenkapitalrentabilität − Zinssatz für lfr. Kapitalanlage

Rechenbeispiel

	Eigenkapitalrentabilität	8,0 %
−	Zinssatz für lfr. Kapitalanlage	4,3 %
=	Risikoprämie	3,7 %

Erläuterung

Als Risikoprämie bezeichnet man allgemein den Zinsaufschlag, den Anleger für ein Investment in risikobehaftete Kapitalanlagen fordern. Risikoaverse Investoren fordern eine Entschädigung (Prämie) für das von ihnen eingegangene Risiko. Daher wird die geforderte Rendite einer Immobilie über der geforderten Verzinsung einer risikolosen Anlage liegen. Diese Differenz nennt man Risikoprämie oder »Spread«. In Abhängigkeit der Lage-, Gebäude- und Ausstattungsqualität des Objektes sowie der Qualität der Mietverträge variiert die geforderte Eigenkapitalrentabilität des Investors. Je hochwertiger die Immobilie, umso niedriger wird diese ausfallen. Die Eigenkapitalkosten können als Renditeerwartung der Eigentümer / Investoren aus Kapitalmarktinformationen abgeleitet werden, sind allerdings in der Regel subjektiv ermittelte Werte.

Vorteile	Nachteile
• Einfache Ermittlung und leichte Verständlichkeit • Trifft als Erwartungswert eine Aussage an die zukünftige Entwicklung der Investition • Erlaubt branchenübergreifenden Vergleich	• Zukünftiges Wachstum wird nicht explizit berücksichtigt • Ermittlung der Eigenkapitalrentabilität ist subjektiv und daher manipulierbar • Aufgrund unterschiedlicher Investorengattungen (risikofreudig bzw. -avers) gibt es keine allgemeingültige Risikoprämie • Kann im Zeitablauf stark schwanken

Kapitel 7

Kennzahlen für
Immobilienunternehmen

7.1 Return on Invested Capital – ROIC

Formel

$$\frac{\text{EBIT angepasst}}{\text{investiertes Kapital}} \times 100\%$$

Rechenbeispiel

$$\frac{341.730.000 \,€}{4.019.866.667 \,€} \times 100\% = 8,50\%$$

Erläuterung

Der Return on Invested Capital (ROIC) ist die Rendite auf das eingesetzte, bereinigte Kapital eines Unternehmens und ist somit eine Kennzahl zur Messung der Wertschöpfung. Um unterschiedliche Finanzierungsstrukturen zu berücksichtigen, wird für die Errechnung der Kennzahl ein angepasstes EBIT dem investierten Kapital gegenübergestellt. Dies ist erforderlich, da nach IFRS nicht alle ergebnisrelevanten Geschäftsaktivitäten im EBIT abgebildet sind. Betroffen sind sowohl Ertrags- als auch Aufwandspositionen wie bspw. Ergebnisbeiträge durch Zinsen aus Gesellschafterdarlehen bei Projektgemeinschaften oder der Einbezug steuerlicher Ergebnisvorteile bei Share Deals.

Vorteile	Nachteile
• Dient der Ermittlung der rein durch betriebliche Tätigkeit erzielbaren Rentabilität • Das investierte Kapital spiegelt das rein operative Betriebsvermögen wider	• Adjustierungen erlauben einen gewissen Freiheitsgrad • Kapitalkosten finden keine Berücksichtigung • Es sollte nicht vergessen werden, dass auch Vermögensgegenstände, die keine Berücksichtigung innerhalb des operativen Betriebsvermögens finden, eine Rendite zu erwirtschaften haben

7.2   Net Asset Value – NAV

Formel

Summe Konzernvermögen – Fremdkapital = NAV

Rechenbeispiel

6.298.000.000 € – 4.053.000.000 € = 2.245.000.000 €

Erläuterung

Der Net Asset Value (NAV) bzw. der Nettoinventarwert ist der Gesamtwert der Vermögenspositionen eines Unternehmens abzüglich des Gesamtwerts seiner Verbindlichkeiten. Der NAV setzt eine Bewertung des Immobilienbestandes durch externe Sachverständige voraus. Der Substanzwert der Immobilien abzüglich der Verbindlichkeiten stellt den NAV dar. Durch Zu- und Abschläge wird der NAV von Analysten korrigiert. Diese Zu- und/oder Abschläge können sein: Qualität der Transparenz des Unternehmens, der Qualität des Managements, der Beschränkung auf die Kernkompetenz, dem Zugang zu neuem Kapital u. v. m. Diese Kennzahl findet vorrangig Anwendung bei Immobilien-aktiengesellschaften und bezeichnet deren tatsächlichen Unternehmenswert. Dieser ergibt sich aus dem Verkehrswert des Immobilienportfolios abzüglich der Schulden einer Gesellschaft.

Vorteile	Nachteile
• Dieser Substanzwert soll den fundamentalen Wert des Unternehmens wiedergeben • Im Vergleich mit dem Kurswert des Unternehmens lassen sich Rückschlüsse auf eine Über- bzw. Unterbewertung ziehen • Objektivität durch Bewertung des Immobilienbestandes von externen Sachverständigen • International etablierte Kennzahl	• Reflektiert nur eine gutachterliche Meinung zum Wert des Immobilienbestandes • Qualitative bzw. quantitative Aspekte (Risikostruktur, Finanzierungsstatus) werden nicht ermittelt • Bei der Bewertung der einzelnen Vermögensgegenstände gibt es Spielräume

7.3   Funds from Operations – FFO

Formel   **Rechenbeispiel**

	Jahresüberschuss (Konzernergebnis)	200,67 Mio. €
+	Abschreibungen	3,8 Mio. €
+/–	Bewertungsergebnis der Immobilien	– 114,67 Mio. €
+/–	Veräußerungserlöse bzw. -verluste	– 91,87 Mio. €
+/–	Ergebnis aus der Bewertung derivativer Finanz-instrumente	0 Mio. €
=	FFO	–2,07 Mio. €

Erläuterung

FFO ist eine wichtige Kennzahl zur Ermittlung des tatsächlich ausschüttungs-
fähigen Gewinns einer Immobilien-AG. Zur Ermittlung wird der ermittelte Jah-
resüberschuss um die Abschreibungskosten für Immobilien bereinigt. Auch
Immobilienveräußerungserlöse und -verluste werden in der Regel aus dem
Reineinkommen herausgerechnet. Heraus kommt ein Maß für die betriebliche
Leistung einer Immobilien-AG, FFO genannt.

Ein Problem mit dieser einfachen FFO-Definition liegt in der fehlenden Berücksichtigung echter Wertminderungen in den Immobilienbeständen. Regelmäßige
Investitionen, die lediglich dem Erhalt der Vermietbarkeit dienen, werden meist
kapitalisiert und abgeschrieben. Auch dieser Kapitalaufwand muss deshalb aus
dem FFO herausgerechnet werden, um die Profitabilität einer Immobilien-
AG beurteilen zu können. Die Mittel aus der laufenden Geschäftstätigkeit bilden
schließlich die Grundlage für die Ausschüttungen einer Immobilien-AG.

Vorteile	Nachteile
• Zeigt Stärke und Qualität des operativen Geschäfts an • Im Unterschied zum EBITDA (vgl. Seite 134) wird das Kerngeschäft einer Immobilien-AG, die Vermietungstätigkeit, transparenter herausgearbeitet • Erlaubt Ausblick auf das zukünftige Wachstum des Kerngeschäfts sowie die Fähigkeit, den Anteil stabiler, wiederkehrender Erträge am Gesamtergebnis zu erhöhen	• Fehlende Berücksichtigung echter Wertminderungen in Immobilien-beständen • Manipulierbarkeit durch Anwen-dung unterschiedlicher Buchhal-tungsstandards

7.4 Earnings before Taxes – EBT

Formel   **Rechenbeispiel**

	Jahresüberschuss	201 Mio. €
+	Steueraufwand	39,2 Mio. €
=	Gewinn vor Steuern	239,2 Mio. €

Erläuterung

Unter dem EBT bzw. dem Gewinn vor Steuern wird der Jahresüberschuss bspw. eines REIT oder einer Immobilien-AG verstanden. Da hier auch Finanzierungskosten bzw. deren Struktur berücksichtigt sind, ist das EBT ein guter Indikator für die Profitabilität des Unternehmens. Für einen G-REIT stellt das EBT eine wichtige Kennzahl zur Ermittlung des ausschüttungsfähigen Gewinns nach HGB dar. Per Gesetz ist ein G-REIT verpflichtet, 90 % der handelsrechtlichen Überschüsse auszuschütten.

Die im EBT enthaltenen Finanzierungskosten unterliegen ebenso wie Erlöse aus dem Verkauf von Vermögensgegenständen nationalen Steuergesetzen, was die internationale Vergleichbarkeit wiederum einschränkt.

Vorteile	Nachteile
• Unterschiedliche nationale Steuervorschriften haben keinen Einfluss • Kapitalkosten finden teilweise Berücksichtigung • Zinseinkünfte, die Bestandteil des operativen Einkommens sind (Finanzierungseinnahmen), finden Berücksichtigung	• Nur unter Berücksichtigung anderer Kennzahlen (z. B. Umsatz) aussagefähig • Kann im Zeitablauf stark variieren • Durch den großen Einfluss nationaler Bilanzierungsvorschriften, die sich in dieser Zahl niederschlagen, international schwer vergleichbar

7.5 Earnings before Interest and Taxes – EBIT

Formel		Rechenbeispiel
	Jahresüberschuss	200,7 Mio. €
+	Steueraufwand	39,2 Mio. €
+	Finanzergebnis	72,1 Mio. €
=	EBIT	312,0 Mio. €

Erläuterung

EBIT stammt aus dem Englischen und steht für »Earnings before Interest and Taxes«. Somit wird dieses operative Ergebnis vor Zinsen und Steuern gewöhnlich für die Beurteilung der Ertragssituation eines Unternehmens, insbesondere im internationalen Vergleich, herangezogen. Jedoch ist das EBIT nicht nur das reine Ergebnis vor Zinsen und Steuern, wie es weitläufig bezeichnet wird, sondern genauer gesagt das operative Ergebnis vor dem Finanz- und damit Beteiligungsergebnis, was je nach Unternehmen großen Einfluss auf den Gewinn vor Steuern haben kann. Dies liegt insbesondere daran, dass Immobiliengesellschaften regelmäßig sehr hohe Zinsaufwendungen haben und Minderheitsbeteiligungen darin zusammengefasst sind.

Vorteile	Nachteile
• Lässt Rückschlüsse auf das reine operative Geschäft zu • Insbesondere unter Zuhilfenahme anderer Kennzahlen (z. B. Umsätze) werden Vergleiche der operativen Ergebnisse ermöglicht • Verzerrungen durch steuerliche Einflüsse bleiben außen vor • Findet international Anwendung	• Besitzt bei Immobiliengesellschaften weniger Aussagekraft als das EBT (vgl. Seite 132), da Finanzierungsstruktur außen vor bleibt • Nur in Bezug zu anderen Kennzahlen (z. B. Umsätze) aussagefähig

7.6 Earnings before Interest, Taxes, Depreciation and Amortization – EBITDA

Formel

EBIT + Abschreibungen = EBITDA

Rechenbeispiel

312,0 Mio. € + 3,8 Mio. € = 315,8 Mio. €

Erläuterung

EBITDA steht für »Earnings before Interest, Taxes, Depreciation and Amortization«. Dieses Ergebnis vor Steuern, Zinsen, Abschreibungen auf Sachanlagen und Amortisation von immateriellen Wirtschaftsgütern (insbesondere Goodwill-Abschreibungen) hat Cashflow-Charakter, da die liquiditätsunwirksamen Abschreibungen ähnlich wie bei der indirekten Cashflow-Berechnung zum Jahresüberschuss hinzuaddiert werden. Das EBITDA wird häufig für junge, wachstumsstarke Unternehmen oder Unternehmen mit außergewöhnlich hohem Abschreibungsbedarf als Kennzahl verwendet, die gegebenenfalls negative Jahresüberschüsse erwirtschaften. Mangels Berücksichtigung des Finanzergebnisses hat diese Kennzahl eine geringe Aussagekraft für Immobilienunternehmen und ist eher für die Analyse von Industrie- bzw. Technologieunternehmen geeignet.

Vorteile	Nachteile
• Die Einflüsse unterschiedlicher Finanzierungsformen finden keine Berücksichtigung • Dient dem Vergleich im Zeitablauf • Frei von Abschreibungseinflüssen • Dient als Cashflow-Annäherung • Vereinfacht internationale Vergleiche, da nationale Steuern keine Berücksichtigung finden	• Keine Berücksichtigung des Finanzergebnisses • Nur in Bezug zu anderen Kennzahlen wirklich aussagefähig • Für Immobiliengesellschaften nur sehr eingeschränkt aussagekräftig

7.7 EBIT-Marge

Formel

$$\frac{EBIT}{Umsatz\ (bzw.\ Gesamtleistung)} \times 100\%$$

Rechenbeispiel

$$\frac{312,0\ Mio.\ \text{€}}{354,9\ Mio.\ \text{€}} \times 100\% = 87,9\%$$

Erläuterung

EBIT steht für das Ergebnis vor Zinsen und Steuern (Earnings before Interest and Taxes) bzw. den Betriebsgewinn. Die EBIT-Marge stellt somit das Verhältnis von Betriebsgewinn in Prozent des Umsatzes dar. Alternativ wird auch von operativer Umsatzrendite gesprochen. Die EBIT-Marge zeigt, wie viel Prozent des operativen Gewinns vor Zinsen und Steuern ein Unternehmen pro Umsatzeinheit erwirtschaften konnte. Die Kennzahl gibt somit Auskunft über die Ertragskraft eines Unternehmens. Je höher die EBIT-Marge ist, desto stärker wirkt sich eine Umsatzveränderung auf das Ergebnis aus. Die EBIT-Marge ist als relative Kennzahl geeignet, Unternehmen international und über verschiedene Branchen hinweg zu vergleichen. Sie gibt im Zeitverlauf betrachtet Aufschluss darüber, ob ein Unternehmen seine Ertragskraft steigern konnte. Ist dies nicht der Fall, sollten die genauen Gründe dafür hinterfragt werden.

Vorteile	Nachteile
• Zählt zu den wichtigsten in der Unternehmensanalyse verwendeten Kennzahlen • Gibt Auskunft über die Ertragskraft eines Unternehmens • Vereinfacht die internationale Vergleichbarkeit • Unabhängig von nationalen Steuervorschriften sowie der Finanzierungsform • Dient dem Vergleich im Zeitablauf	• Unterschiedliche Abschreibungsmodalitäten erschweren den Vergleich • Verzerrung durch die Einbeziehung von Einkommen, welches nicht direkt dem operativen Geschäft zugerechnet werden kann • Manipulierbarkeit: Die Qualität des operativen Ergebnisses kann verschlechtert, das Ergebnis an sich aber erhöht werden

7.8 Dividendenrendite

Formel

$$\frac{\text{Dividende}}{\text{Aktienkurs}} \times 100\,\%$$

Rechenbeispiel

$$\frac{0,47\;€}{15,70\;€} \times 100\,\% = 3,0\,\%$$

Erläuterung

Mit der Dividendenrendite wird die Rentabilität einer Aktienanlage bestimmt und stellt zusammen mit potenziellen Kursgewinnen deren Ertragskomponenten dar. Sie gibt an, wie sich ein angelegtes Kapital unter Zugrundelegung des jeweils gültigen Börsenkurses einer Aktie und einer bestimmten Dividende verzinst. Ermittelt wird die Kennzahl, indem man die Dividende durch den jeweils aktuellen Aktienkurs teilt. Die Höhe dieser Verzinsung konkurriert mit am Kapitalmarkt erreichbaren Zinsen. Dadurch ist ein Vergleich einer Aktienanlage bspw. mit dem in festverzinslichen Wertpapieren möglich. Bei DAX-Werten liegt die Dividendenrendite in der Regel zwischen 2 % bis 3 %. Je höher diese ausfällt, umso interessanter kann das betrachtete Unternehmen als langfristige Kapitalanlage sein.

Vorteile	Nachteile
• Wichtiges Kriterium zur Bestimmung der Attraktivität einer Immobilien-AG • Guter Indikator für den Geschäftserfolg des betrachteten Unternehmens • Eine hohe Dividendenrendite ist eine gewisse Absicherung des Aktienkurses nach unten • Zeigt die Substanz des Unternehmens: Ein Unternehmen, das seine Dividende Jahr für Jahr erhöht, weist eine kontinuierliche Geschäftsentwicklung aus	• Kann nur ermittelt werden, wenn eine Dividende ausgezahlt wird • Künftige Ausschüttungen sind schlecht prognostizierbar • Kann im Zeitablauf starken Schwankungen unterliegen • Keine Berücksichtigung möglicherweise zu berücksichtigender Fremdkapitalzinsen zur Finanzierung des Aktienerwerbs

7.9   Zinsbindung

Formel

> Differenz aus Ende der festgeschriebenen Zinsbindung zum heutigen Datum

Rechenbeispiel

Ermittlungsstichtag: 01. Januar t_4
Differenz aus 31. Mai t_{11} zum 01. Januar t_4
= 7 Jahre und 5 Monate beträgt die verbleibende Zinsfrist zum Stichtag

Erläuterung

Zinsbindungsfrist ist der Zeitraum, für den der im Darlehensvertrag vereinbarte Zinssatz festgeschrieben ist (Festzinsdarlehen). Der Begriff wird üblicherweise nur in Zusammenhang mit dinglich gesicherten Darlehen verwendet, deren Gesamtlaufzeit die Dauer der Zinsbindungsfrist übersteigt. Üblich sind Fristen von 5, 10, 15 oder 20 Jahren. Je länger die Zinsbindung eines Hypotheken-darlehens ist, desto höher ist in der Regel der vereinbarte Zinssatz. Nach Ablauf der Zinsbindungsfrist muss über eine Anschlussfinanzierung verhandelt werden. Während der Zinsbindungsfrist ist gemäß § 489 BGB eine Kündigung grundsätzlich ausgeschlossen. Nur bei einer über einen Zeitraum von zehn Jahren hinausgehenden Zinsbindungsfrist kann eine Kündigung bereits nach zehn Jahren mit einer sechsmonatigen Kündigungsfrist erfolgen.

Der Dauer der Zinsbindung kommt eine große Rolle zu. Die Vor- und Nach-teile von längerer oder kürzerer Zinsbindung liegen auf der Hand. Eine lange Zinsbindung ist vor allem für Kreditnehmer geeignet, die sich nur eine geringe Tilgung leisten können. Weil sie ihre Schulden nur langsam abbauen, ist es für sie besonders wichtig, dass der Zinssatz dauerhaft konstant bleibt. Nachteil: Je länger die Zinsbindung, desto höher liegt der Zinssatz des Darlehens.

Vorteile	Nachteile
• Je länger die Zinsbindung, umso geringer ist das Insolvenzrisiko aufgrund von Marktverschiebungen (veränderte Finanzierungskonditionen) • Erlaubt Planungssicherheit auf der Kostenseite • Einfach verständlich und zu ermitteln	• Je länger die Zinsbindung, umso höher ist i. d. R. der Zinssatz • Alleinstehend wenig aussagekräftig • Trifft keine Aussage über die Finanzierungskonditionen

7.10 Verschuldungskoeffizient

Formel

$$\frac{\text{Fremdkapital}}{\text{Eigenkapital}} \times 100\%$$

Rechenbeispiel

$$\frac{4.082,60 \text{ Mio. €}}{1.411,40 \text{ Mio. €}} \times 100\% = 289,26\%$$

Erläuterung

Die Kennzahl, im Englischen als »Gearing Ratio« bekannt, gibt an, in welchem Verhältnis das Unternehmen von außenstehenden Dritten zum Anteil der Eigentümer finanziert wurde. Grundsätzlich gilt: Je höher der Verschuldungskoeffizient ist, desto abhängiger ist das Unternehmen von externen Kreditoren. Wird bei der Beurteilung des Verschuldungskoeffizienten der Leverage-Effekt (vgl. Seite 86) berücksichtigt, so zeigt sich, dass unter bestimmten Voraussetzungen aus Rentabilitätsgründen ein höherer Verschuldungskoeffizient positiv beurteilt werden könnte. Folglich sollte die Kennzahl Verschuldungskoeffizient nie isoliert, sondern immer in Verbindung mit der Ertragslage der Unternehmung beurteilt werden.

Vorteile	Nachteile
• Ein Zusammenhang zwischen Verschuldungsgrad und Eigenkapitalrentabilität lässt sich formal darstellen (je niedriger der Verschuldungskoeffizient, desto eher kann zusätzliches Fremdkapital zur Ausnutzung des Leverage-Effekts aufgenommen werden) • Im Zusammenhang mit Fristigkeiten von Vermögensteilen lässt sich ein Risikoprofil ermitteln	• Bilanzpolitische Adjustierungen des Eigenkapitals können zu Verzerrungen führen

7.11   Stille Reserven

Formel

Verkehrswert – Anschaffungsinvestition

Rechenbeispiel
19.000.000 € – 18.391.000 € = 609.000 €

Erläuterung
Nicht aus der Bilanz ersichtlicher Teil des Eigenkapitals. Folge: Der Gewinn oder das Eigenkapital erscheinen geringer als es der Wirklichkeit am Bilanzstichtag entspricht. Stille Reserven können entstehen durch:

- Unterbewertung oder Nichtaktivierung aktivierungsfähiger Vermögensgegenstände oder
- Verzicht bzw. Verbot von möglichen Zuschreibungen oder
- Überbewertung von Passiva.

Stille Reserven treten entweder a) zwangsläufig, b) durch Ausnutzung von Ermessensspielräumen, c) aufgrund von Schätzfehlern oder d) aufgrund willkürlicher Bildung auf. Das Auflösen stiller Reserven führt in der Regel zu einem höheren Gewinnausweis.

Bei Bilanzierung nach IFRS ist die Zuschreibung von Bewertungsgewinnen zwingend erforderlich. Insofern hat diese Kennzahl Relevanz für eine nach HGB und demnach konservativer erstellte Bilanz. Für Privatinvestoren kann diese Kennzahl z. B. bei einer Anschlussfinanzierung eine Rolle spielen.

Vorteile	Nachteile
• Bildung eines Steuerstundungseffekts, da der Aufbau stiller Reserven den Gewinnausweis drückt • Bietet ggf. zusätzlichen Finanzierungsspielraum • Die Möglichkeit der Bildung von stillen Reserven dient dem Sicherheitsaspekt	• Nicht unmittelbar nutzbar (muss zum Beispiel durch Veräußerung realisiert werden) • Extern kaum oder nur schwer ermittelbar, sofern Marktpreise nicht bekannt sind • Stille Reserven erschweren die Ermittlung von Rentabilitätskennzahlen, die z. B. das eingesetzte Kapital zugrunde legen

7.12 Ausschüttungsquote (Payout Ratio)

Formel

$$\frac{\text{Summe aller ausgeschütteten Erträge}}{\text{Jahresüberschuss}} \times 100\%$$

Rechenbeispiel

$$\frac{0,47\ \text{€} \times 77.333.334\ \text{Aktien}}{200,67\ \text{Mio. €}} \times 100\% = 18,11\%$$

Erläuterung

Mit der Ausschüttungsquote wird der an Aktionäre ausgeschüttete Anteil des Jahresüberschusses beschrieben. Für diesen ergeben sich lediglich zwei alternative Verwendungsmöglichkeiten: Ausschüttung bzw. Reinvestition. Insofern wird die Ausschüttungsquote wesentlich durch den Selbstfinanzierungsbedarf eines Unternehmens sowie durch die steuerliche Situation der Aktionäre und deren Renditeanforderungen beeinflusst. Je rentabler ein Unternehmen, umso niedriger sollte die Ausschüttungsquote sein, da durch entsprechende Reinvestitionen die Rentabilität noch gesteigert werden kann. Beim sog. G-REIT ist z. B. eine Mindestausschüttungsquote von 90 % gesetzlich vorgeschrieben. Grundlage hierfür ist der Jahresüberschuss der Einzelgesellschaft nach HGB. Im vorliegenden Beispiel handelt es sich um einen sehr profitablen und stark investiven Immobilienbestandshalter mit einer geringen Ausschüttungsquote.

Vorteile	Nachteile
• Dient zur Beurteilung der Ausschüttungs- und Finanzierungspolitik (einer Immobiliengesellschaft) • Zeigt den tatsächlichen Cash Return eines Investors • Durch die Payout Ratio kann der einbehaltene Gewinn berechnet werden, was wiederum Rückschlüsse auf den zusätzlichen Finanzbedarf bei gegebenen Investitionserfordernissen zulässt	• Gewinne sind Voraussetzung • Kann im Zeitablauf variieren

Kapitel 8

Markt

8.1   Transaktionsvolumen

Formel

> Summe aller registrierten Transaktionen von Gewerbeimmobilien eines
> definierten Teilmarktes in einem abgegrenzten Berichtszeitraum

Rechenbeispiel

Diese Kennzahl wird empirisch von Marktteilnehmern vor Ort ermittelt. Aus
diesem Grund wird hier auf ein Rechenbeispiel verzichtet.

Erläuterung

Das Transaktionsvolumen ist gemäß gif-Definition die Summe aller registrierten Käufe und Verkäufe von Gewerbeimmobilien in einem Berichtszeitraum (in
der Regel eines Quartals), exkl. Erwerbsnebenkosten (z. B. Grunderwerbsteuer,
Anwalts- und Gerichtskosten, Maklercourtage). Es beinhaltet Käufe mit dem
Zweck eines Investments, eines Developments oder einer Eigennutzung. In
Abhängigkeit des erhebenden Marktteilnehmers werden Portfolio-Transakti-
onen im Transaktionsvolumen berücksichtigt oder außen vor gelassen.

Vorteile	Nachteile
• Höhe des Transaktionsvolumens gibt Aufschluss über die Attraktivität des betrachteten Marktes • Vergleichbarkeit mit anderen (internationalen) Märkten ist gegeben • Zusammen mit weiteren Kennzahlen eine wichtige Entscheidungsgrundlage für Investoren	• Trifft alleinstehend keine Aussage über Zusammensetzung • Objektlagespezifische Preisunterschiede werden nicht berücksichtigt • Qualität bzw. Aussagekraft ist stark abhängig vom Datenbestand der jeweiligen Researcher • Je kleiner/intransparenter der Markt, umso schwieriger ist die Ermittlung belastbarer Daten

8.2 Spitzenrendite

Formel

> Niedrigste in einem definierten Betrachtungszeitraum realisierte
> Nettoanfangsrendite eines Gebäudes erstklassiger Qualität in
> bester Lage eines bestimmten Marktes

Rechenbeispiel
Diese Kennzahl wird empirisch von Marktteilnehmern vor Ort ermittelt. Aus diesem Grund wird hier auf ein Rechenbeispiel verzichtet.

Erläuterung
Gemäß gif-Definition wird unter Spitzenrendite (Prime Yield) ein Einzelwert bezeichnet, welcher in einem definierten Zeit- und Teilraum regelmäßig nur einmal erzielt wird. Aus diesem Grund hat diese Kennzahl eine geringe Aussagekraft und gibt als Maximalwert nur bedingt eine Indikation über die weitere Entwicklung des Renditeniveaus. Allerdings kann im Vergleich mit anderen Standorten ein Indiz für die Attraktivität des Marktes ermittelt werden. Je niedriger die Spitzenrendite, umso höher wird diese aus Investorensicht eingeschätzt. Eine niedrige Spitzenrendite kann in funktionierenden Märkten aber auch ein Zeichen dafür sein, dass das Angebot weit unter der Nachfrage liegt. Analog zur Nettoanfangsrendite (vgl. Seite 69) stellt die Prime Yield das Verhältnis aus Jahresnettomiete abzüglich nicht umlagefähiger Kosten zur Investition bestehend aus Kaufpreis inklusive Erwerbsnebenkosten dar.

Vorteile	Nachteile
• Etablierte Kennzahl	• Einzelwert mit eingeschränkter Aussagekraft
• Spitzenrendite trifft eine qualitative Aussage über Lage und Gebäudeausstattung	• In intransparenten Märkten schwierig ermittelbar
• Vergleich mit anderen Standorten (national / international) ist möglich	
• Je niedriger die Spitzenrendite, desto attraktiver ist der betrachtete Markt und umso stärker ist die positive Langfristperspektive des Marktes aus Investorensicht	
• Zusammen mit weiteren Kennzahlen eine wichtige Entscheidungsgrundlage für Investoren	

8.3 DIX Deutscher Immobilien Index

Formel

> Kumulierter Total Return aus den Einzelergebnissen aller an der
> Erhebung der IPD teilnehmenden Unternehmen

Rechenbeispiel

Diese Kennzahl wird empirisch durch die IPD-Datenbank ermittelt. Aus diesem
Grund wird hier auf ein Rechenbeispiel verzichtet.

Erläuterung

Der Deutsche Immobilien Index basiert auf Datenbankauswertungen, die eine
Vielzahl detaillierter Informationen enthält. Ende 2006 umfasste diese Datenbank Angaben zu beinahe 3.000 Immobilien verschiedener Nutzungsarten mit
kumulierten Verkehrswerten von rd. 54 Mrd. €. Die IPD (Investment Property
Datenbank GmbH) ermittelt den DIX und veröffentlicht diesen einmal pro Jahr.
Hierfür liefern die freiwillig teilnehmenden Eigentümer jährlich einheitlich defi-
nierte Daten über Grundstücksstammdaten, Mieteinnahmen und Bewirtschaftungskosten über ihren Immobilienbestand. Anhand dieser Angaben wird von
einem Sachverständigen der Marktwert der erfassten Grundstücke jedes Jahr
neu ermittelt. Unterteilt ist der DIX in verschiedene Komponenten wie z. B. der
so genannte Total Return. Dieser gibt die Gesamtverzinsung des durchschnittlich gebundenen Kapitals wieder. Der Total Return wird dabei in zwei unterschiedliche Renditekomponenten aufgespalten. Die eine ist die so genannte
Netto-Cashflow-Rendite (vgl. Seite 148). Die andere Renditekomponente ist die
so genannte Wertänderungsrendite (vgl. Seite 147). Neben dem DIX existieren
mehrere weitere Immobilienindizes in Deutschland. Keiner erfüllt bisher jedoch
den Anspruch einer allgemeinen Repräsentation des Marktes.

Vorteile	Nachteile
• Wichtige Kennzahl zur Steuerung des Rendite-Risiko-Profils eines Immobilienportfolios • Liefert eine fundierte Beurteilungsgrundlage für Investitionsentscheidungen • Zeigt die Wertentwicklung von Immobilien im Zeitablauf an • Ermöglicht den Vergleich mit anderen Asset-Klassen	• Schwachstelle des DIX ist, dass er nicht den Immobilienmarkt als Ganzes repräsentieren kann, weil der Hauptumsatzträger „Wohn-immobilienmarkt" nur marginal vertreten ist • Nur Immobilien solcher Investoren sind vertreten, die freiwillig die entsprechenden Daten liefern

8.4   Total Return

Formel

$$\frac{\text{Wertänderung der Immobilie + Netto-Cashflow der Immobilen}}{\text{investiertes Kapital}}$$

Rechenbeispiel

Diese Kennzahl wird empirisch von Teilnehmern der IPD-Datenbankaus-wertung mit eigenen und daher vertraulichen Daten ermittelt. Aus diesem Grund wird hier auf ein Rechenbeispiel verzichtet.

Erläuterung

Total Return bedeutet Gesamtrendite. Diese besteht aus der Summe von Kapitalertrag und ordentlichem Ertrag. Jede Anlageform hat eine Gesamtren-dite und damit einen Total Return. In diesem Sinne kann jede Anlageform als potenzielles Total-Return-Produkt definiert oder interpretiert werden. Der Total Return einer Immobilie bezeichnet die Kombination aus Wertänderung und Ausschüttungen in Relation zum investierten Kapital im betrachteten Zeitraum. Mit dem Total Return wird somit also die Gesamtverzinsung des in einer Immo-bilie bzw. einem Portfolio investierten Kapitals wiedergegeben. Auf Portfolioe-bene gehen Renditebeiträge von Bestandsimmobilien bzw. Zu- und Verkäufen gewichtet mit ein. Der Total Return setzt sich aus zwei Renditekomponenten zusammen: Netto-Cashflow-Rendite (vgl. Seite 148) und Wertänderungsrendite (vgl. Seite 147). In Deutschland haben sich diese drei von der IPD Invest-ment Property Datenbank GmbH, Wiesbaden, ermittelten Kennzahlen in den vergangenen Jahren etablieren und aufgrund der Abdeckung eines Großteils des relevanten gewerblichen Immobilienmarktes einen Marktstandard setzen können.

Vorteile	Nachteile
• International anerkannte, etablierte Kennzahl • Dynamische Renditekennzahl • Ermöglicht Vergleich von Stand-orten in unterschiedlichen Ländern • Total Return beinhaltet sämtliche Rendite-Komponenten eines jeweiligen Betrachtungszeitraums	• Manipulationen auf Ebene der einzelnen Total-Return-Kompo-nenten potenzieren sich • Komplexes Kalkulationsmodell erfordert Disziplin der teilnehmen-den Unternehmen, da sonst eine Vergleichbarkeit der ermittelten Ergebnisse nicht gewährleistet ist • Negative Wertänderungen lassen sich durch vorausschauende Ausschüttungspolitik glätten

8.5 Wertänderungsrendite

Formel

$$\frac{\begin{array}{c}\text{Marktwert der Betrachtungsperiode} \\ -\text{ Marktwert des Vormonats} \\ -\text{ objektspezifische Investitionskosten} \\ \text{der Betrachtungsperiode} \\ +\text{ Summe aller Kapitaleinnahmen}\end{array}}{\begin{array}{c}\text{Marktwert des Vormonats} \\ +\text{ objektspezifische Investitionskosten der} \\ \text{Betrachtungsperiode}\end{array}} \times 100\,\%$$

Rechenbeispiel

Diese Kennzahl wird empirisch von Teilnehmern der IPD-Datenbankauswertung mit eigenen und daher vertraulichen Daten ermittelt. Aus diesem Grund wird hier auf ein Rechenbeispiel verzichtet.

Erläuterung

Die Wertänderungsrendite gibt die Veränderungen des Marktwertes einer Immobilie bzw. eines Portfolios unter Berücksichtigung wertbeeinflussender Maßnahmen (Modernisierung, Vermietung leerstehender bzw. Verlängerung bestehender Mietverträge) am Objekt und / oder allgemeiner Veränderungen der Grundstücksmarktwerte wieder. Sie stellt somit die über den Anlagezeitraum multiplikativ verknüpften periodischen Wertänderungen, abzüglich der Kapitalaufwendungen, ausgedrückt in Prozent des gebundenen Kapitals dar. Zusammen mit der Netto-Cashflow-Rendite (vgl. Seite 148) stellt diese Kennzahl eine wichtige Komponente zur Ermittlung des Total Return (vgl. Seite 146) dar.

Vorteile	Nachteile
• Dynamische Renditekennzahl • Stille Reserven finden unmittelbaren Niederschlag in Bilanz und GuV • Kann in Zusammenhang mit weiteren Kennzahlen zum Aufbau eines Risikomanagement-Systems genutzt werden	• Kann im Zeitablauf stark schwanken • Stille Lasten finden unmittelbaren Niederschlag in Bilanz und GuV • Aussagekraft nur in Zusammenhang mit weiteren Kennzahlen • Kennzahl stark abhängig von Qualität und Motivation des unternehmensintern Ermittelnden

8.6 Netto-Cashflow-Rendite

Formel

$$\frac{NOI}{\text{durchschnittlich investiertes Kapital}} \times 100\%$$

Rechenbeispiel

Diese Kennzahl wird empirisch von Teilnehmern der IPD-Datenbankauswertung mit eigenen und daher vertraulichen Daten ermittelt. Aus diesem Grund wird hier auf ein Rechenbeispiel verzichtet.

Erläuterung

Mit dieser Kenziffer wird der tatsächliche Liquiditätsstrom einer Investition in Relation zum durchschnittlich gebundenen Kapital (Eigen- und Fremdkapital) des Investors gebracht. Diese Komponente des Total Return (vgl. Seite 146) ermittelt sich aus dem Verhältnis der im Betrachtungszeitraum erzielten Jahresnettomiete abzüglich der nicht umlagefähigen Bewirtschaftungskosten zum in der Immobilie durchschnittlich gebundenen Vermögen. Dieses wiederum setzt sich zusammen aus dem für die betrachtete Periode ermittelten Marktwert der Immobilie zzgl. objektspezifischer Investitionskosten (z. B. für Umbauten oder Modernisierungen). Sofern auch noch die ausstehenden Fremdmittel abgezogen werden, lässt sich diese Kennzahl auf das durchschnittlich gebundene Eigenkapital ermitteln.

Vorteile	Nachteile
• Etablierte Kennzahl • Dynamische Renditekennzahl • Kann in Zusammenhang mit weiteren Kennzahlen zum Aufbau eines Risikomanagement-Systems genutzt werden	• Kann im Zeitablauf stark schwanken • Anfällig für Manipulationen • Besitzt als aggregierte Kennzahl alleinstehend nur geringe Aussagekraft

Anhang

I   Due Diligence – Einführung

Einführung

Unter dem Begriff »Immobilien Due Diligence« versteht man die verkehrsübliche Sorgfaltsprüfung der Immobilie im Rahmen einer anstehenden Veräußerung bzw. eines geplanten Erwerbs. Durch eine fundierte Analyse und systematische Prüfung des Transaktionsobjektes sollen die wesentlichen Chancen und Risiken erfasst werden. Die Immobilien Due Diligence gliedert sich in die Bereiche Markt, Recht, Steuern, Technik und Altlasten. Die jeweiligen Teilergebnisse fließen dann in die Financial Due Diligence ein.

Ziele der Due Diligence:

* Ermittlung belastbarer Informationen anhand des vorhandenen Datenmaterials und somit Schaffung einer fundierten Ausgangssituation für Kaufvertragsverhandlung und Immobilienbewertung
* Identifikation von Stärken und Schwächen der Immobilie
* Aufdecken von Risiken, welche Folgekosten nach Abschluss der Transaktion mit sich bringen
* Transaktionsgefährdende Situationen (Deal Breaker) ausfindig machen und soweit möglich, Lösungsalternativen identifizieren

Hauptchancen einer fundierten Due Diligence sind:

* Unsicherheiten über den wahren Wert einer Immobilie können reduziert werden
* Versteckte Risiken können identifiziert werden
* Hindernisse für den Abschluss können zielgerichtet angegangen werden

Die Immobilien Due Diligence sollte vor den eigentlichen Vertragsverhandlungen erfolgen, da die Ergebnisse oftmals wertrelevant sind und die eigene Verhandlungsposition unter Umständen erheblich stärken können.

Schwerpunkte der einzelnen Due-Diligence-Bereiche:

- Im Rahmen des Teilprozesses Immobilienmarkt (Market Due Diligence) werden der Standort und das Marktumfeld der Immobilie systematisch untersucht
- Die rechtliche Prüfung (Legal Due Diligence) umfasst die Analyse von Sachfragen wie beispielsweise die eigentumsrechtliche Situation (Grundbuchauszug) oder die bestehenden Mietvertragsbestimmungen
- Bei der Steueranalyse (Tax Due Diligence) werden die steuerlichen Risiken des Erwerbs einer Immobilie beurteilt
- Der Teilprozess Technik (Technical Due Diligence) beinhaltet die bauliche und gebäudetechnische Analyse und umfasst sowohl Objektbegehungen als auch formale Untersuchungen
- Spezifische Umweltrisiken werden im Rahmen der Prüfung von Altlasten (Environmental Due Diligence) ermittelt
- Basierend auf den vorgenannten Teilprozessen folgt zum Abschluss der Due Diligence die finanzielle Beurteilung der Immobilie (Financial Due Diligence). Sie umfasst sämtliche finanziellen Wirkungen, die von einer Immobilieninvestition ausgehen und ausgehen können. Resultat dieser Finanzanalyse ist der Nutzungswert (Investment Value)

Durch eine professionell durchgeführte Immobilien Due Diligence werden Immobilienprojekte transparent und Kapitalgeber können Risiken vor dem Abschluss einer Transaktion erkennen.

II   Due-Diligence-Checkliste

Due-Diligence-Checkliste (nicht abschließend)

1.   Eigentumsverhältnisse / Grundbuch

1.1   Angabe der Eigentumsverhältnisse an dem genau bezeichneten Grundstück. Zusätzliche Informationen bei ungeklärten Eigentumsverhältnissen

1.2   Kaufverträge, Erbbaurechtsverträge

1.3   Gesellschaftsverträge bzw. Satzungen und Handelsregisterauszüge dieser Gesellschaften, Protokolle der Sitzungen des Vorstands und der Gesellschafterversammlungen in den letzten fünf Jahren sowie Kopien sämtlicher Gesellschafterverträge (sofern Immobilien über Immobilien- oder Wohnungsbaugesellschaften gehalten werden)

1.4   Vermögenszuordnungsbescheid

1.5   Lageplan (Katasterplan, Größe der Flurstücke, Flurkarte)

1.6   Aktuelle beglaubigte Grundbuchauszüge (einschließlich etwaiger Erbbaurechte)

1.7   Veränderungsnachweise

1.8   Dokumentation der Grundstücksbelastungen in Abt. II und III des Grundbuchs (z. B. Bewilligungserklärung, Grundschulden), insbesondere der volle Wortlaut von Dienstbarkeiten und sonstiger Bestellungsurkunden

2.   Verwaltungsrecht / Bauplanungsrecht

Öffentliche Pläne:

2.1   Kopie des Flächennutzungsplans

2.2   Kopie der textlichen und zeichnerischen Festsetzungen des Bebauungsplans (inklusive amtliche Verfahrensvermerke und Begründung).

2.3   Geplante Bebauungsplanänderungen

2.4   GRZ (Grundflächenzahl), GFZ (Geschossflächenzahl), BMZ (Baumassenzahl), Anzahl der Geschosse, Höhe in Meter, Bauweise, Nutzungsart gem. Flächennutzungsplan, sofern kein Bebauungsplan vorhanden

Genehmigungen:

2.5   Bestätigung, dass Baugenehmigung oder Zustimmungserklärung ausgestellt wurde

2.6   Kopie der Baugenehmigung und Abnahmeprotokoll

2.7   Information hinsichtlich vorliegender oder benötigter Genehmigungen für bestimmte Nutzungen des Grundstücks, einschließlich Renovierung und Abriss des Gebäudes

2.8   Bauliche, TÜV- und feuerpolizeiliche Abnahme

2.9   Ggf. Anordnung der Übertragung der Genehmigungen

Verwaltungsrechtliche und gerichtliche Anordnungen:

2.10 Bestätigung, dass sämtliche Auflagen / Bedingungen aus der Baugenehmigung erfüllt und noch vorhanden sind (insbesondere erforderliche Stellplätze)

2.11 Angabe, ob die für die angemessene Nutzung notwendigen Einrichtungen und Anlagen vorhanden sind; falls dies nicht der Fall ist, diesbezügliche Einzelheiten

2.12 Bestätigung, dass der bauliche Zustand der baulichen Anlagen den Vorschriften des öffentlichen Rechts entspricht

2.13 Unterlagen hinsichtlich der Statik (Positionspläne, Schalpläne und Bewehrungspläne)

2.14 Angaben zu möglichen Verstößen gegen Vorschriften des öffentlichen Rechts

2.15 Sämtliche anhängigen bzw. drohenden Ansprüche betreffend das Grundstück, einschließlich Streitigkeiten wegen Planungsgenehmigungen, Übereinstimmung mit bereits erteilten Genehmigungen und Nutzung

2.16 Kopien ergangener behördlicher Anordnungen, Mitteilungen über noch ausstehende behördliche Anordnungen

Baulasten:

2.17 Auszug aus dem Baulastenverzeichnis

2.18 Bestätigung, dass keine anderen Baulasten als die im Baulastenverzeichnis bewilligt wurden

Denkmalschutz:

2.19 Bestätigung, dass kein Denkmalschutz besteht

2.20 Falls Denkmalschutz besteht: Angaben zu Gründen für die Schutzwürdigkeit

2.21 Bestätigung, dass keine sonstigen öffentlich-rechtlichen Beschränkungen (Veränderungssperre, Naturschutzgebiet, Erhaltungs- / Sanierungsgebiet, öffentlich-rechtliche Verträge) bestehen

II   Due-Diligence-Checkliste

Erschließung:

2.22   Kosten bestehender Erschließungsverträge zu Stromversorgung, Gasversorgung oder sonstiger Energienutzung

2.23   Straßenmäßige Erschließung (einschließlich Verkehrsbeschränkungen durch Bebauungsplan oder verkehrsrechtliche Anordnungen)

2.24   Anschluss an öffentliche Wasserversorgung, betriebliche Wasserversorgung

2.25   Angaben zur Abwasserbeseitigung, Zustand der Abwasserkanäle, ggf. Untersuchungsberichte

2.26   Bestätigung, dass Erschließungsbeiträge gezahlt wurden. Angabe von Maßnahmen zur weiteren Erschließung, die noch nicht abgerechnet sind

Vorkaufsrecht:

2.27   Angabe, ob ein Vorkaufsrecht seitens der Gemeinde, der Mieter oder Dritter besteht

Nachbarschaft:

2.28   Nachbarschaftsvereinbarungen betreffend das Grundstück

2.29   Bebauungsplan, Festsetzungen der Nachbarschaftsgrundstücke

2.30   Beschwerden von Nachbarn, Streitigkeiten mit Nachbarn, bekannte Nachbaransprüche

3.   Grundstücke / Gebäude

Allgemeines:

3.1   Gutachten zu Wert / Zustand von Grundstück / Gebäuden

3.2   Lageangabe (Sanierungsgebiet, städtebauliches Entwicklungsgebiet, Umlegungsgebiet)

3.3   Bestandsdaten (Baujahr, BGF, Stellplätze, Mietflächen, Angaben zum baulichen Zustand der Gebäude)

3.4   Bauerrichtung (Architekturvertrag, Urheberrechte, ggf. Übertragung von Nutzungsrechten, Liste der Gewährleistungsfristen, bei Neu- und Umbauten: Instandhaltungen der letzten fünf Jahre)

3.5   Beschreibung der nicht mitzuveräußernden Einbauten, Einrichtungen und Anlagen

3.6   Technische Unterlagen (Bau- und Ausstattungsbeschreibung, Inspektion, Wartung)

Instandhaltung:

3.7   Wartungsverträge (z. B. für Aufzüge, Klimaanlage, Feuerlöscher, Sprinkleranlagen)

3.8   Instandhaltungsplan (fünf Jahre)

3.9   Instandhaltungsrückstau

3.10 Bedienungsanleitungen für Elektro-, Heizungs-, Sanitär-, Lüftungs- und Klimaanlagen und -geräte sowie besondere technische Anlagen

Ansprüche und Rechte Dritter:

3.11 Bestehende Gewährleistungsansprüche

3.12 Vereinbarungen mit Dritten, aufgrund derer die Nutzung des Grundstücks eingeschränkt sind

3.13 Rechte von Dritten, die einem Umbau / einer Nutzungsänderung entgegenstehen

3.14 Angabe, ob Flächen, die im Zusammenhang mit dem Objekt genutzt werden, im Eigentum Dritter stehen

Miet- und Pachtangelegenheiten:

3.15 Aufstellung sämtlicher Mietverträge / Pachtverträge (einschließlich Untermietverträge, Zusatzvereinbarungen, sowie Entwürfe von Mietverträgen, die noch verhandelt werden, und Mietverträge, die in den letzten sechs Monaten ausgelaufen sind) mit allen Anhängen, Anlagen und Übergabeprotokollen

3.16 Kopien von Miet-, Pacht- und sonstigen Nutzungsüberlassungsverträgen, einschließlich einer nach Objektart und geografischer Lage aufgeschlüsselter Aufstellung, jeweils mit Angabe der Quadratmeter und des laufenden Mietverhältnisses (einschließlich Name des Mieters, Höhe des Mietzinses, Vertragsdatum, Ablaufdatum, Kündigungsfrist, Verlängerung)

3.17 Bestätigung, dass keine sonstigen Ergänzungen / Nebenabreden bestehen

3.18 Gebäudeverwaltung (Betriebskosten, Aufstellung nicht umlagefähiger Nebenkosten, bestehende Rechtsstreitigkeiten mit Mietern)

3.19 Zusammenfassung der Mietrechtsstreitigkeiten

3.20 Eventuelle Wettbewerbsabsprachen mit den Mietern

3.21 Streitigkeiten mit Mietern, einschließlich einer Aufstellung von Mietern, die sich mit Mietzahlungen in Rückstand befinden, mit Angabe der Dauer und der Höhe der aufgelaufenen Rückstände

3.22 Aufstellung von Mietern, die Verhandlungen aufgenommen oder sonstige Maßnahmen getroffen haben (z. B. eine Kündigung ausgesprochen haben), bei denen zu erwarten ist, dass sie zu einer Beendigung des Mietverhältnisses führen

3.23 Angabe der bekannten Mängel der Mietsache
3.24 Angabe, ob alle Flächen für Umsätze genutzt werden, die einen Vorsteuerabzug nicht ausschließen
3.25 Angabe der Nutzungsart (z. B. Verwaltung, Technik, Einzelhandel), des Objekttyps und des Bauwerksindex
3.26 Angaben zur Solvenz der Mieter sowie Mietsicherheiten

Technische Pläne:
3.27 Kabelleitungspläne
3.28 Leitungspläne (Strom, Gas, Wasser, Abwasser)
3.29 Gebäudepläne mit Kennzeichnung technischer Dienstbarkeiten

4.   Umweltangelegenheiten

Untersuchungen:
4.1 Dokumentation behördliche Erkundungs-/Sanierungsmaßnahmen in Bezug auf Boden, Luft oder Grundwasser
4.2 Sämtliche Anfragen, z. B. Umweltverträglichkeitsprüfungen, Umwelt-Audit-Berichte, Untersuchungsberichte u. Ä., Bescheide über Verstöße oder sonstige umweltrechtliche Bescheide von Behörden innerhalb der letzten fünf Jahre
4.3 Angabe, ob historische Erkundung vorhanden ist. Falls nicht, Angaben zur umweltrelevanten Vergangenheit des Grundstücks (Voreigentümer, vorherige Nutzung, bauplanungsrechtlicher Gebietstyp, lokale Umweltsituation)
4.4 Angabe, ob Untersuchungen zu Bodenkontamination durchgeführt wurden

Altlasten:
4.5 Aufstellung sämtlicher Chemikalien (einschließlich Brennstoffe und Schmiermittel), Rohmaterialien und sonstiger Stoffe, die auf dem Grundstück benutzt oder gelagert werden
4.6 Aufstellung der vorliegenden und beantragten umweltrechtlichen Genehmigungen mit Angabe ihrer Dauer, einschließlich einer Beschreibung besonderer Schwierigkeiten oder zusätzlicher wesentlicher Kosten, die bei einer Verlängerung bzw. Erneuerung zu erwarten sind
4.7 Aufstellung sämtlicher unterirdischer Vorratsbehälter auf dem Grundstück, einschließlich solcher, die sich nicht mehr in Benutzung befinden
4.8 Angabe, ob Emissionen vorhanden sind

Dekontaminierung:

4.9   Altlastengutachten (Boden und Gebäude)

4.10   Stand der Dekontaminierungsmaßnahmen (Boden und Gebäude)

4.11   Kosten der Dekontaminierung

4.12   Entsorgungsnachweise (Asbest, PCB), einschließlich einer Beschreibung zertifizierter oder registrierter Umweltmanagementsysteme des Verkäufers und sonstiger Maßnahmen und Verfahren zur Überwachung der Einhaltung umweltrechtlicher Vorschriften und Bestimmungen

Verschiedenes:

4.13   Auszug aus der Bodenrichtwertkarte

4.14   Sämtliche Unterlagen bezüglich anhängiger und drohender gerichtlicher oder behördlicher Verfahren, die umweltrechtliche Angelegenheiten des Grundstücks betreffen

4.15   Sämtliche interne Korrespondenz zu Umweltangelegenheiten, einschließlich Vermerke und Berichte an den Verkäufer

5.   Zusätzlich benötigte Unterlagen / Informationen

5.1   Steuern: Grundsteuer-/Einheitssteuermessbescheide

5.2   Versicherungen (Art, Umfang, Vertragsbeginn und -dauer) für das Grundstück (Bauherrenhaftpflicht, Bauhaftpflichtversicherung, Sachversicherung, Drittschadensversicherung und Vorräteversicherung, besondere Versicherungen für technische Anlagen)

5.3   Nachweis, dass die Versicherungsbeiträge gezahlt worden sind, Einzelheiten zu Versicherungsfällen

5.4   Angaben zu Arbeitnehmern, die gemäß § 613a BGB übergehen könnten

5.5   Sonstige Pläne (Grundrisse, Schnitte, Ansichten)

5.6   Sonstiges (Fotos)

III Qualifizierter Makler-Alleinverkaufsauftrag

Die Globalisierung macht auch vor den deutschen Immobilienmärkten nicht halt. Seit mehreren Jahren spielen internationale Investoren, Entwickler, Geldgeber und Nutzer eine immer stärker werdende Rolle auf lokalen Märkten in Deutschland. Dies führt zu einer Anpassung der Zusammenarbeit mit Beratern bzw. Maklern. Interessanterweise passen sich die einheimischen Marktteilnehmer den internationalen Gepflogenheiten an.

So sind insbesondere angelsächsisch geprägte Investoren gewohnt, eine enge Beziehung zu einer kleinen Gruppe ausgewählter Makler (zwei oder drei) zu haben. Mit diesen bevorzugten Partner wird dann i. d. R. regelmäßig auf exklusiver Basis zusammengearbeitet.

Ein Vertragsbeispiel für einen qualifizierten Alleinverkaufsauftrag ist nachfolgend aufgeführt. Qualifiziert deshalb, weil in diesem Fall der Auftraggeber verpflichtet ist, Investoren und Makler, welche ihn direkt ansprechen, an den exklusiv beauftragten Partner zu verweisen.

Makler-Alleinverkaufsauftrag

zwischen
Firma
Anschrift

– im Folgenden »**Auftraggeber (AG)**« genannt –

vertreten durch [●]
und
Firma
Anschrift

– im Folgenden »**Auftragnehmer (AN)**« genannt –

vertreten durch [●]
wird folgender Maklervertrag geschlossen:

III   Qualifizierter Makler-Alleinverkaufsauftrag

§ 1
Vertragsobjekt

Der AG ist Eigentümer des mit einem Büro- und Verwaltungsgebäude bebauten Grundstücks, dazugehöriger Stellplätze auf dem Anwesen mit der Anschrift [•].

§ 2
Auftrag

Der AN wird mit dem Nachweis einer Gelegenheit zum Abschluss eines Kaufvertrages und/oder mit der Vermittlung eines Kaufvertragsabschlusses hinsichtlich des Vertragsobjektes beauftragt. Diesbezüglich wird der AG den AN über bisherige Verkaufsaktivitäten in Kenntnis setzen.

Der Makler ist allein beauftragt.

Der AN ist ferner mit der vorbereitenden Verkaufsbegleitung des Auftraggebers beauftragt. Dies bedeutet insbesondere die Erbringung folgender Dienstleistungen:

* Selektion von potenziellen Käufern
* Koordination des Verkaufsvorganges zwischen Verkäufer, Rechtsanwälten, Steuerberatern sowie potenziellen Investoren und Projektentwicklern zum Zwecke der Verkaufsvorbereitung und Durchführung
* Beratung des Verkäufers bis zum Kaufvertragsabschluss hin (dies beinhaltet keine Rechts- und/oder Steuerberatung)

§ 3
Vertragsdauer/Kündigung

Der Maklervertrag wird für die Zeit vom [•] bis zum [•] für die Dauer von sechs Monaten fest abgeschlossen. Wenn er im Anschluss daran nicht unter Einhaltung einer Frist von zwei Wochen zum Monatsende gekündigt wird, verlängert er sich stillschweigend jeweils um einen weiteren Monat. Nach Ablauf eines Jahres ist in jedem Falle eine weitere Verlängerung der Laufzeit schriftlich zwischen den Parteien zu vereinbaren.

Unberührt bleibt das Recht beider Parteien, den Vertrag aus wichtigem Grund ohne Einhaltung einer Kündigungsfrist zu kündigen. Die Kündigung bedarf der Schriftform.

III   Qualifizierter Makler-Alleinverkaufsauftrag

§ 4
Rechte und Pflichten des Maklers

Der AN verpflichtet sich im Interesse des AG, den Auftrag sofort mit Vertragsbeginn mit der Sorgfalt eines ordentlichen Kaufmannes unter Ausnutzung aller sich ergebender Vertragsabschlusschancen auszuführen. Insbesondere beinhaltet die Bearbeitung des Auftrages die Verpflichtung zur Durchführung folgender Maßnahmen:

- Abstimmung und Erstellung einer Verkaufsstrategie
- Erstellung eines Exposés
- Anbieten des Objektes an vorgemerkte Kunden
- Versand des Exposés an vorgemerkte Kunden
- Organisation und Durchführung von Besichtigungsterminen
- Führung von Verkaufsverhandlungen nach Rücksprache / Genehmigung durch den AG
- Verhandlungen mit den zuständigen Behörden
- Mitwirkung bei der Vorbereitung des notariellen Kaufvertrages

Der AN hat den AG regelmäßig über die Aktivitäten und die daraus resultierenden Ergebnisse zum Verkauf des Objektes zu informieren. Der AN klärt den AG über etwaige ihm bekannt gewordene Vermögensverhältnisse der Interessenten auf, ebenso wie über wirtschaftliche Risiken, von denen der AN im Zusammenhang mit seiner Vermittlungstätigkeit Kenntnis erlangt. Des Weiteren klärt der AN den AG darüber auf, ob der vom AN vorgegebene Kaufpreis marktgerecht ist. Zu eigenen Nachforschungen ist der AN nicht verpflichtet.

Der Makler ist berechtigt, das Kaufobjekt im Internet und der Presse zu präsentieren und das Objekt allein oder mit Interessenten zu besichtigen. Nach vorheriger Absprache mit und Genehmigung durch den AG ist der AN berechtigt, das Objekt weiteren Maklern im Gemeinschaftsgeschäft anzubieten. Besichtigungstermine sind frühzeitig, möglichst drei Kalendertage vor Termin, mit dem AG abzustimmen.

Nach Beendigung des Maklervertrages ist der AN verpflichtet, sämtliche ihm vom AG überlassenen Unterlagen herauszugeben und etwaige Datenbestände zu löschen, soweit der AN nicht aufgrund gesetzlicher Bestimmungen zur Dokumentation verpflichtet ist.

III Qualifizierter Makler-Alleinverkaufsauftrag

§ 5
Rechte und Pflichten des AG

Der AG verpflichtet sich, keine weiteren Makler mit der Vermittlung des Verkaufsobjektes während der Vertragslaufzeit zu beauftragen. Der AG bleibt in seiner Entscheidung über den Abschluss eines Kaufvertrages mit einem vom AN vermittelten Kaufinteressenten vollständig frei.

Der AG verpflichtet sich alle direkt auf den AG zukommende Investoren und Makler an den AN zu verweisen und auf das Bestehen des Maklerauftrages mit dem AN hinzuweisen. Verstößt der AG gegen diese Pflicht und verkauft das Gebäude selbst, bleibt der Provisionsanspruch gemäß dieser Vereinbarung bestehen.

Der AG verpflichtet sich, sämtliche Unterlagen, die das Vertragsobjekt betreffen und die der AN für eine vertragsgerechte Kaufvertragsvermittlung benötigt, zu übergeben. Dies betrifft auch den Schriftverkehr aus bisherigen Verkaufsverhandlungen.

Der AG setzt den AN von tatsächlichen oder rechtlichen Änderungen bezüglich des Kaufobjektes in Kenntnis.

§ 6
Provision/Aufwandserstattung

Für den vertragsgemäßen Nachweis der Gelegenheit zum Abschluss des Kaufvertrages oder die Vermittlung des Kaufvertrages erhält der AN vom AG eine Provision in Höhe von [●] % aus dem Verkaufspreis, zuzüglich gesetzlicher Mehrwertsteuer. Der Anspruch auf Zahlung der Provision besteht auch in dem Fall, wenn der vom AN nachgewiesene Interessent die Objektgesellschaft kauft (Share Deal). Beim Verkauf von derartigen Gesellschaftsanteilen, berechnet sich der Verkaufspreis durch den beurkundeten Kaufpreis zusätzlich übernommener Verbindlichkeiten. Der AG kann seine Provisionsverpflichtung im notariellen Kaufvertrag auf den Käufer abwälzen und für den AN einen unmittelbaren Zahlungsanspruch gegen den Käufer dadurch begründen (Vertrag zugunsten des AN als Dritten). Die Haftung des AG für die Provisionsansprüche des AN bleibt in diesem Fall insoweit bestehen, als der AN seinen Anspruch gegen den Käufer aus rechtlichen und/oder tatsächlichen Gründen nicht durchsetzen kann.

Die Provision ist mit dem Zustandekommen des rechtswirksamen notariellen Kaufvertrages zur Zahlung fällig.

III   Qualifizierter Makler-Alleinverkaufsauftrag

Der AG ist auch dann zur Zahlung der in Paragraph 6.1. beschriebenen Provision verpflichtet, wenn der zustande gekommene Kaufvertrag – aus einem von dem AG zu vertretenden Grund – scheitert.

Nimmt der AG von seiner Verkaufsabsicht Abstand, so ist er zur Zahlung einer Aufwandsentschädigung in Höhe von € [●] zuzüglich gesetzlicher Mehrwertsteuer verpflichtet.

Mit der vorstehenden Vergütung sind sämtliche Dienstleistungen des AN abgegolten.

§ 7
Schriftform

Änderungen und/oder Ergänzungen dieses Vertrages bedürfen der Schriftform. Dies gilt auch für die Änderung und/oder Aufhebung des Schriftformerfordernisses.

§ 8
Gerichtsstand

Für Streitigkeiten, die aus oder im Zusammenhang mit diesem Vertrag entstehen, gilt [●] als Erfüllungsort und Gerichtsstand.

§ 9
Salvatorische Klausel

Sollten einzelne Bestimmungen des Vertrages unwirksam oder lückenhaft sein oder werden, berührt dies die Gültigkeit des gesamten Vertrages oder die Wirksamkeit der übrigen Bestimmungen nicht. Die unwirksamen und/oder lückenhaften Bestimmungen sind durch solche zu ersetzen, die dem wirtschaftlichen Zweck dieser Vereinbarung am nächsten kommen.

[●], den _____   [●], den _____

_____   _____
für [●] AG   für [●] AN

IV   Flächendefinitionen

Unterschiedliche Interessenvertreter stellen unterschiedliche Anforderungen an die Definition der Fläche. Insofern gibt es auch eine Vielzahl unterschiedlicher Ansätze zur Ermittlung der Fläche. Ein Projektentwickler ist z. B. daran interessiert, jeden Quadratmeter, den er gebaut hat, auch zu vermieten, da dies einen direkten Einfluss auf den Verkaufserlös hat. Im Gegensatz dazu will der Nutzer einer Immobilie bzw. einer Teilfläche daraus nur bezahlen, was er auch tatsächlich nutzt. Diskussionen und Streitereien sind hier vorprogrammiert.

Die bisher am geläufigsten Flächendefinitionen sind die Netto- (NGF) und die Bruttogrundfläche (BGF). Beide basieren auf der DIN 277. Mit der »MF-G – Richtlinie zur Berechnung der Mietfläche für gewerblichen Raum« der Gesellschaft für immobilienwirtschaftliche Forschung e. V. (gif) wurde ein Regelwerk entwickelt, welches sich zum Marktstandard entwickelt und somit zu einer weiteren Erhöhung der Transparenz im Immobilienmarkt führt. Diese kann über www.gif-ev.de bezogen werden.

Die Bruttogrundfläche ist die weiteste Flächendefinition, da in ihr Konstruktionsflächen, Funktions- und Technikflächen, Verkehrsflächen und Haupt- bzw. Nebennutzflächen beinhaltet sind. Auf die Nettogrundfläche gelangt man durch Abzug der Konstruktionsflächen von der BGF.

Die Nutzfläche umfasst lediglich die Haupt- und Nebennutzflächen, also Büro-, Archiv-, Kopier-, WC- und Putzräume, Garderobe, Teeküche sowie Terrassen bzw. Balkone.

In der Mietfläche wird die Nutzfläche um Teile der Verkehrsflächen erweitert. So werden innenliegende Flure und ein Empfangsbereich voll bzw. Erschließungsflure, eine Eingangshalle und Aufzugsvorräume anteilig der Mietfläche zugerechnet.

V   Inhalte eines aussagekräftigen Exposés

Bei Verkauf oder Vermietung einer Immobilie stellt das Exposé eine wichtige Visitenkarte des Anbieters (Eigentümer bzw. dessen Berater) und die erste Entscheidungsgrundlage für den Interessenten dar. Insofern sollte ein aussagekräftiges Exposé sämtliche entscheidungsrelevanten Informationen in übersichtlicher Weise und zusammengefasst darstellen. Die nachfolgend aufgelisteten Inhalte für ein aussagekräftiges Exposé können hierfür als Orientierungshilfe genutzt werden. Eine detaillierte Prüfung kann das Exposé allerdings nicht ersetzen (hierzu Anhang I Due Diligence).

- Adresse
- Eigentümer
- Baujahr
- Grundstücksgröße
- Nutzung
- Gebäudebeschreibung
- Allgemeine Informationen zum Immobilienmarkt
- Nutzfläche (aufgeteilt in die jeweiligen Nutzungsarten)
- Parken
- Jahresnettomiete (Ist) (inkl. Detailinformation über bestehende Mietverträge)
- Jahresnettomiete (Soll)
- Nebenkosten, absolut bzw. je m²
- Nicht umlagefähige Kosten, absolut bzw. je m²
- Kaufpreis

VI   Aufbau bzw. Inhalte eines aussage-
kräftigen Mietvertragsspiegels

Unabhängig von der Frage, ob eine Immobilie verkauft werden soll oder nicht, ist es sinnvoll, die wesentlichen Eckdaten der bestehenden Mietverträge eines Immobilienengagements in einem so genannten Mietvertragsspiegel zusammenzufassen.

Am zweckmäßigsten ist hierfür der Aufbau einer Excel-Tabelle mit folgenden Inhalten (je Spalte):

- Geschoss
- Mieter
- Mietfläche in m²
- Nutzung
- Miete je m²
- Parkplätze
- Miete je Parkplatz
- Summe Monatsmiete
- Nebenkostenvorauszahlung je m²
- Summe Nebenkostenvorauszahlung
- Mietvertragsbeginn
- Mietvertragsende
- Optionen
- Indexierung / Wertsicherung
- Regelung zu Schönheitsreparaturen
- Kaution
- MwSt. Ja / Nein
- Kündigungsfrist
- Bemerkungen

Zeilenweise werden nun die mieterspezifischen Daten eingetragen. Insbesondere bei der Monatsmiete je Mieter sowie den entsprechenden Flächen macht es Sinn, eine Teilsumme aus den einzelnen Beträge (Büro, Archiv, Parken, ...) zu bilden. Dies erleichtert die Zusammenfassung der Einzelsummen am Ende des Mietvertragsspiegels.

Mit diesem Schema lassen sich ohne großen Aufwand und auf einer Seite die wesentlichen Informationen über ein Immobilienengagement zusammenfassen. Als Eigentümer bzw. Kaufinteressent kann somit kurzfristig ermittelt werden, wo z. B. die nächste Indexanpassung möglich ist bzw. mit welchem Mieter Kontakt wegen einer Vertragsverlängerung aufgenommen werden sollte.

Stichwortverzeichnis

Stichwortverzeichnis

Stichwortverzeichnis

Literaturverzeichnis

CB Richard Ellis	»Market View Frankfurt/Main 1. Halbjahr 2007« unter http://www.cbre.com
Haupt, A.	»Die Basis für nachhaltige Ausschüttungen« unter http://reits-in-deutschland.de
gif Gesellschaft für Immobilienwirtschaftliche Forschung e. V.	»Definitionssammlung zum Büromarkt«, Wiesbaden, 2006
gif Gesellschaft für Immobilienwirtschaftliche Forschung e. V.	»Richtlinie Rendite-Definitionen Real Estate Investment Management«, Wiesbaden, 2007
Jones Lang LaSalle; Estates Gazette	»The glossary of property terms«, 2. Auflage, Estates Gazette, London, 2003
Leitner, S.	»Das Geheimnis rund um die Immobilien-Kennzahlen« unter http://www.wirtschaftsblatt.at
Meyer, C.	»Betriebswirtschaftliche Kennzahlen und Kennzahlen-Systeme«, 4. Auflage, Verlag Wissenschaft und Praxis, Sternenfels, 2006
Sandner, Weber	»Lexikon der Immobilien-Wertermittlung«, 1. Auflage, Bundesanzeiger Verlag, Köln, 2003
Schulte, K.-W.; Achleitner, A.-K.; Schäfers, W.; Knobloch, B.	»Handbuch Immobilien-Banking«, 1. Auflage, Immobilien Informationsverlag Rudolf Müller GmbH & Co. KG, Köln, 2002
White, D.; Turner, J.; Jenyon, B.; Lincoln, N.	»Internationale Bewertungsverfahren für das Investment in Immobilien«, 3. Auflage, Immobilien Zeitung Verlagsgesellschaft, Wiesbaden, 2003
Wiehle, U.; Diegelmann, M.; Deter, H.; Schömig, P. N.; Rolf, M.	»100 Finanzkennzahlen«, 3. Auflage, Wiesbaden, 2008
Wöltje, J.	»Betriebswirtschaftliche Formelsammlung«, 3. Auflage, Haufe Verlag, Planegg, 2006

Impressum

© cometis publishing GmbH & Co. KG
Unter den Eichen 7, 65195 Wiesbaden.
Alle Rechte vorbehalten.

2. Auflage 2010

Konzeption:

Ulrich Wiehle
Tobias Schultheiß

Autor:

Tobias Schultheiß

Unterstützt durch:

Karsten Reimann

Cover:

cometis publishing GmbH & Co. KG
Fotolia 418581

Projektleitung:

Ulrich Wiehle

Verantwortlich:

cometis publishing GmbH & Co. KG
Unter den Eichen 7
65195 Wiesbaden

Tel.: 0611 / 205855-0
Fax: 0611 / 205855-66

Mail: info@cometis.de

www.cometis.de
www.cometis-publishing.de

Leseprobe

Eigenkapitalquote

Formel

$$\frac{\text{Eigenkapital}}{\text{Gesamtkapital}} \times 100\%$$

Rechenbeispiel

$$\frac{5.493}{10.134} \times 100\% = \mathbf{54{,}20\%}$$

Erläuterung

Die Eigenkapitalquote beschreibt die Beziehung zwischen Eigen- und Gesamtkapital. Je mehr Eigenkapital ein Unternehmen zur Verfügung hat, desto besser ist in der Regel die Bonität eines Unternehmens, desto höher ist die finanzielle Stabilität und desto unabhängiger ist das Unternehmen von Fremdkapitalgebern. Da Eigenkapital jedoch teurer ist als Fremdkapital (vgl. auch WACC, S. 131) belastet eine hohe Eigenkapitalquote die Rendite auf das eingesetzte Kapital. Für die Berechnung des Gesamtkapitals kann entweder die Bilanzsumme oder aber, wie von Finanzanalysten insbesondere für die Berechnung der Kapitalkosten üblich, nur die Summe aus Eigenkapital und zinstragendem Fremdkapital genommen werden.

Vorteile	Nachteile
• Stellt Art und Zusammensetzung des Kapitals dar	• Stark branchen- und bewertungsabgängig
• Einfach zu ermitteln	• Stille Reserven schmälern den tatsächlichen Wert des Eigenkapitals
• Dient zur Ermittlung der Verschuldung (Fremdkapitalquote) und lässt Rückschlüsse über die Stabilität eines Unternehmens zu	• Bilanzielle Werte stehen heute zunehmend den häufig genutzten Marktwerten gegenüber (z.B. Nutzung der Marktkapitalisierung anstelle des bilanziellen Eigenkapitals für Errechnung der Kapitalkosten)
• Im Industrievergleich hilfreich als Indikator für die relative, finanzielle Stärke eines Unternehmens	

Leseprobe:
100 Marketing- & Vertriebskennzahlen

Kundenreichweite

Formel

$$\frac{\text{Anzahl erreichter Kunden}}{\text{Anzahl möglicher Kunden}} \times 100$$

Praxisbeispiel

$$\frac{35.000 \text{ (Haushalte)}}{150.000 \text{ (mögliche Haushalte)}} \times 100 = 23,33\,\%$$

Ein Telekommunikationsunternehmen in einer Region mit einer möglichen Kundenreichweite von 150.000 Haushalten errechnet für sich, dass er bereits 35.000 Kunden erreicht hat. Dies entspricht einer Kundenreichweite von 23,33 %.

Erläuterung

Die Kennzahl Kundenreichweite gibt an, wie viele Kunden von den möglichen Kunden tatsächlich erreicht worden sind. Wichtig ist in diesem Zusammenhang die Wahl der richtigen Bezugsgröße. So würde es für einen in einem Dorf gelegenen Einzelhändler keinen Sinn machen, die Grundgesamtheit der Bevölkerung in der Region als Bezugsgröße zu wählen. Prinzipiell wäre dies nicht falsch, dennoch sollte hier eine zielgruppenspezifischere Auswahl getroffen werden. Des Weiteren kann die Kundenreichweite für bestimmte Vertriebslinien oder einzelne Produkte berechnet werden. Diese Berechnung gibt wiederum Aufschluss über die richtige Zusammensetzung des Sortiments und kann so zur Optimierung beitragen.

Vorteile	Nachteile
• Zeigt das Ausschöpfungspotenzial im Einzugsgebiet auf • Kann als Indikator für den Erfolg von Marketingmaßnahmen herangezogen werden	• Aufwendig zu ermitteln (über Mafo) • Aussagekraft ergibt sich nur über Vergleiche (z. B. Zeitreihe, Wettbewerb, Zielgröße) • Kennzahl muss häufig in Verbindung zur Anzahl vom Kunden besuchter verschiedener Einkaufsstätten bzw. verwendeter Produkte gesehen werden

Durchschnittlicher Personalaufwand

Formel

$$\frac{\text{Personalaufwand}}{\text{Summe Vollzeitäquivalente}}$$

Rechenbeispiel

$$\frac{2.453 \text{ Mio. } €}{46.000} = \mathbf{53.326€}$$

Erläuterung

Der durchschnittliche Personalaufwand bezieht sich auf die durchschnittlichen Gesamtpersonalkosten pro Vollzeitäquivalent. Diese enthalten neben dem Gehalt auch sonstige Zuwendungen, variable Entlohnung (Boni), Lohnnebenkosten sowie Sozialabgaben des Arbeitgebers. Diese Kennzahl ist insbesondere im Branchenvergleich interessant, da ein hoher Personalaufwand alleine nichts über die Effektivität aussagt. Im internationalen Vergleich sind hohe Abweichungen möglich, was zum Beispiel auf unterschiedliche Lohnniveaus oder Sozialversicherungssysteme zurückzuführen ist.

Vorteile	Nachteile
• Einfach zu ermitteln aus dem Geschäftsbericht	• Aus öffentlichen Quellen durch länderspezifische Unterschiede oft ungenau, daher intern zu ermitteln
• Gibt im Vergleich der Jahre wichtige Hinweise auf die Personalkostenentwicklung	
• Lässt Rückschlüsse auf die Positionierung der Gesamtentlohnung des Unternehmens mit direkten Wettbewerbern zu	• Die Kennzahl beinhaltet eine gewisse Ungenauigkeit (z. B. durch Sozialabgaben oder Kosten für Überstunden)